무관심의 시대: 우리는 왜 냉정해지기를 강요받는가

Original title: Die Überwindung der Gleichgültigkeit:
Sinnfindung in einer Zeit des Wandels
by Alexander Batthyány

율리아네, 레오니, 라리사를 위해

무관심의 시대: 우리는 왜 냉정해지기를 강요받는가

빅터 프랭클 연구소 소장
알렉산더 버트야니 지음

김현정 옮김

나무생각

차례

3장 현재는 열려 있다

4장 삶의 한가운데 존재하는 자유

5장 자유의 한가운데 존재하는 책임

6장 세상을 넘어 나에게로

1장

가치를 상실한 시대

오늘날만큼 인간이 낯설고 불신이 가득한 상태에서 살았던 적은 없다.
또 과거의 온갖 곤경과 불안에도 불구하고 자신의 고향이 되었던 세상에서
지금처럼 존재적으로 의지할 곳을 찾지 못했던 적도 없다.

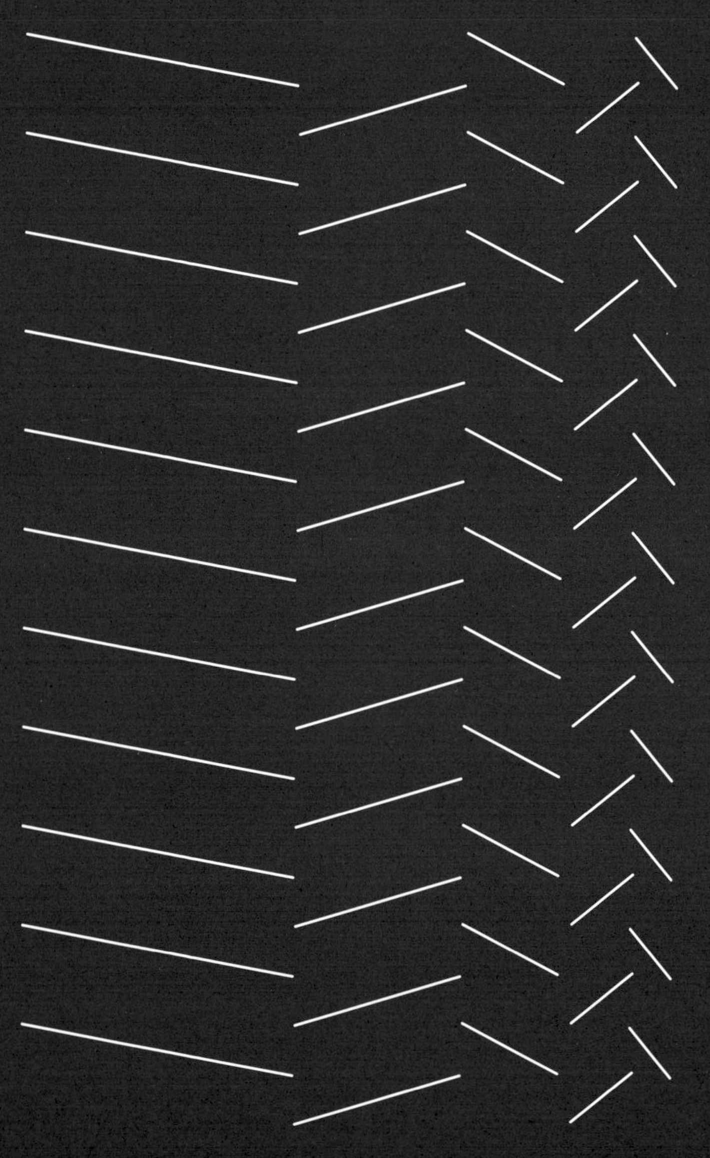

삶의 태도와 행동의 관계

이 책은 전반적으로 사람들의 두 가지 노력에 대해 말하고 있다. 하나는 삶에 대한 열망을 가지고 거기에 기꺼이 참여하려는 마음이고, 다른 하나는 공동체적 목표를 자신의 사명으로 인지하고 실천하는 것이다. 다시 말해 보통은 어깨만 으쓱하고 지나갈 법한데 더 나은 방향으로 나아가기 위해 사명감을 가지고 무언가를 부단히 시도하는 것이다.

이 책에서는 우리가 무언가에 전념하는 삶, 적극적이고 당당한 삶을 살지 못하는 원인에 대해서도 다룬다. 왜 우리는 스스로의 목소리를 내고 적극적으로 참여하는 태도로 (비록 확신을 가지고 결심한 것들 중 일부가 이뤄지지 않거나 극히 불완전하게만 이뤄진다 해도) 우리의 강점을 쟁취하는 삶을 살지 못하는 것일까.

음악 비평가들로부터 최악의 성악가라고 혹평을 받은 플로렌스 포스터 젠킨스Florence Foster - Jenkins는 다음과 같은 훌륭한 말을 남겼다.

"내가 노래를 못 불렀다고 할 수는 있겠지만 안 불렀다고는 할 수 없겠죠."

마찬가지로 최소한 자기 자신의 삶에 최선을 다하기 위해 노력하지 않은 사람도 없을 것이다. 물론 희망을 포기하지 않았다는 전제에서다.

그래서 이 책은 희망에 대해서도 다루고 있다. 우리의 희망, 자아상, 세계상, 인간상뿐만 아니라 개인적 경험과 사고, 결정, 행동과 행동 사이의 다양한 관계에 대해서도 자세히 다룰 것이다. 즉, 자신의 삶과 다른 사람과의 공존을 쉽게 만들기도 하고 어렵게 만들 수도 있는 태도와 가치에 대해 다룰 예정이다.

우리의 자아상과 인간상, 세계상을 들여다보는 것은 우리의 경험과 행동을 이해하기 위한 열쇠일 뿐만 아니라 변화와 성숙, 궁극적으로는 (개인적으로나 사회적으로) 성공적이고 만족스러운 삶을 살기 위한 열쇠다. 왜냐하면 삶에 대한 우리의 태도와 자세가 변화될 수 있기 때문이다. 이러한 변화는 설득과 호소를 통해서도 드물게 나타나지만, 무엇보다도 인간 존재의 (때로는 놀라울 정도로 단순하지만 그만큼 쉽게 망각되고 간과되는) 몇 가지 속성을 이해하고 인정함으로써 나타날 수 있다.

인간 속성을 이해한다면 우리의 태도를 근본적으로 바로잡을 수 있다. '오늘부터 이렇게 하자!'라고 결정하고 행동하는 것보다 이러한 이해는 우리의 태도를 더욱 확실하게, 지속적으로 변화시킨다. 자신의 행동을 바꾸겠다고 결단을 내리는 일은 비교적 쉽지만, 꾸준히 실행에 옮기는 것은 어렵다는 것을 우리는 경험을 통해 알고 있다. 무수한 심리학 논문들이 이를 입증하고 있다.[1] 이 논문들에서는 우리의 행동을 이해하고 변화시키기 위한 열쇠가 행동 자체에 있지 않고 오히려 행동의 바탕이 되는 견해와 기대, 태도에 있다고 설명한다. 우리의 행동과 삶의 방식은 일종의 '징후'이며, 우리가 지닌 삶의 태도가 겉으로 표출된 것이다.

따라서 우리 자신과 주변 사람들, 그리고 세상과 삶에 대한 믿음과 전반적인 기대 사이에는 중요한 연관성이 있다. 자기 자신과 삶에 대해 얼마나 많은 희망을 품고 있는지도 중요하다. 우리의 행동과 삶의 태도, 나아가 전반적인 인생 설계는 이런 기대와 희망에 달려 있다. 이 연관성은 다른 사람들의 행동을 제대로 이해하는 데도 큰 도움이 된다. 이는 한 개인뿐만 아니라 사회 전체에도 해당된다.

예를 들어 역사적 사건이나 낯선 문화를 이해하기 위해서는 그 현장에 있는 사람들 입장에서 이해하려는 노력을 해야 한다. 우리가 그들의 문화를 온전히 이해하기 전까지는(이해할 수 있다는 전제하에서) 역사적 사건이나 이국적이고 낯선 문화와의 만남은 비밀스럽고 불완전한 상태로 남을 것이다. 그들의 세상이 아직 우리가 이해할 만큼 와닿지 않아서다. 그들의 세상이 우리에게는 정신적으로 멀게 느껴지기 때문에 그들의 태도와 행동도 이해하기 어렵다. 이를테면 다음과 같다.

A는 B가 사려는 집을 함께 구경 가기로 B와 약속한다. 다음 날 아침, 두 사람은 함께 길을 나선다. 그런데 B가 갑자기 오늘은 집을 구경하고 싶지 않다면서 집으로 돌아가겠다고 한다. 처음에는 아무런 이유도 대지 않다가 A가 추궁을 하자 결국 이렇게 말한다.

"조금 전에 길을 뛰어가던 검은 고양이를 못 봤어요? 이건 분명히 불길한 징조일 거예요."

B는 미신의 세계에 살고 있다. 일련의 사건들에 주목하고 의미를 부여하여 어떤 징조라고 믿고, 그러한 징조가 행위를 결정하는 데 영향을 미친다. 하지만 이러한 사건들은 A의 세계에서는 아무런 영향을 미치지 못하기 때문에 애초에 의미가 없다.[2]

검은 고양이에 아무런 의미를 두지 않는 사람의 세상에도 검은 고양이는 존재한다. 하지만 전혀 중요해 보이지 않는 일련의 사건과 사물의 배후에서 또 다른 의미를 추측하여 우리 자신과 다른 사람의 행동을 이해할 때 '차이'를 이해하게 된다.

이기적인 삶의 태도

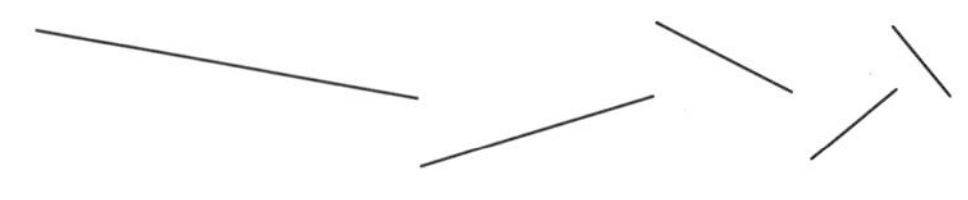

다른 사람의 입장을 온전히 이해하고 공감한다는 것은 쉬운 일이 아니다. 이러한 사실은 심리학 연구뿐만 아니라 보편적인 경험을 통해서도 알 수 있다.[3] 아울러 우리의 세계상과 자아상을 이해하고 공감하는 것 역시 쉽지만은 않다.[4] 그 바탕이 되는 관점과 생각이 의식적으로 획득되기 어렵고, 그것이 얼마나 현실적인지 이성적으로 들여다본 적이 거의 없기 때문이다.

만약 이성적으로 들여다본다면 그런 관점 중 일부가 전혀 현실적이지 않고 모순된다는 사실을 깨닫게 될 것이다. 이를테면 '유유상종類類相從'이라는 말도 있지만 '반대끼리 끌린다'는 말도 있다. 또 어떤 사람은 단기적으로는 믿을 만하지만, 장기적으로는 도움보다는 해를 주기도 한다. 어떤 사람은 나에게 도움이 되지만, 나를 제외한 이웃과 환경에는 피해를 준다.

그렇다면 다른 사람의 행복은 무시하고 자신만 위하는 행동이 장기적으로 볼 때 자기에게 가장 큰 해를 입히는 삶의 방식은 아닐까? 이유는 둘 중 하나다. 하나는 자기중심적인 행동을 함으로써 선하고 가치 있는 일을 위해 우리의 재능을 발산하지 못하기 때문이다. 다른 하나는 어제는 우리 자신의 작은 '행복'을 위해 다른 사람을 수단으로 이용했지만, 오늘은 그들의 도움과 호의에 의존해야 하기 때문이다.

이렇게 이기적인 삶의 태도와 관련된 사례들을 살펴보면, 삶의 행복과 가치관이 현실적으로 얼마나 밀접한 관련이 있는지 알 수 있다. 이기적 태도는 이를 삶의 원칙으로 삼는 사람에게는 도움이 되겠지만 결국에는 많은 고통을 야기한다. 그러므로 이기적인 삶의 태도는 우리의 행복과 성취, 그리고 우리가 기대하는 세계와의 관계에 대한 근본적인 오해를 인지할 때 훨씬 수월하게 바로잡을 수 있다.

이를테면 도덕적 결함은 다른 관점에서 보면 그저 자기중심적이며 도덕적으로 문제시되는 이기적 삶의 자세에서 도출된 결과일 뿐이다. 그러므로 이기주의자의 행동을 비난할 경우에는 무의미한 싸움만 일어난다. 사람들은 겉으로 나타난 증상에 맞서 싸울 뿐이지 원인과 싸우지는 않기 때문이다. 예를 들면 이기주의자는 이렇게 생각할 것이다.

'세상이 원래 그렇지, 뭐. 누구나 다른 사람보다 자신의 이익을 먼저 생각하잖아.'

이런 이기적인 생각으로 가득 찬 세계에서는 '검은 고양이'뿐만 아니라 모든 사람이 위협으로 느껴진다. 모든 사람이 반대자, 경쟁자, 적이 되는 것이다. 만약 어떤 사람이 도덕적으로 의심스러운 이기적인 행동을 한다고 해서 그러한 삶의 자세의 바탕이 되는 오해와 불신을 비난할 순 없다. 왜냐하면 어느 누구도 의도적으로 특정한 희생양을 선택하지는 않기 때문이다.

그렇기 때문에 이기적인(혹은 이기적인 것처럼 느껴지는) 세상을 경험한 사람이 이기적으로 행동하는 것을 보고 무조건 비도덕적이라고 말할 수는 없다. 그는 단순히 그렇게 믿고 있으며, 심지어는 세상의 법칙이 그렇다고 한탄하기까지 한다. 그에게 도덕적으로 결함이 있다고 비난하는 것 역시 의미가 없다.

그들 스스로 왜 그런 행동을 하는지 들여다보아야 한다. 세상을 향한 자신의 시각을 다시 조명해보고 지금까지 자신이 생각했던 것처럼 세상의 법칙이 그렇게 무자비하지는 않다는 사실을 인식할 필요가 있다. 그렇게 할 때 그들은 자신의 이기적인 논리로부터 벗어날 수 있고, 세상과 인간의 속성에 대한 자신의 두려움을 행동으로 드러내고 있다는 사실도 깨닫게 될 것이다.

한 개인이 자신과 다른 사람, 세상에 대해 만드는 이미지는 그 자신에 대한 단서가 된다. 유감스럽게도 오늘날에는 이러한 인간상에 위기가 닥쳐왔다. (어쩌면 지난 몇 세기에 걸친 역사적 과오에 직면해서, 또한 현시대의 풍요와 무한한 가능성에 직면해서) 오늘날만큼 인간이 낯설고 불신이 가득한 상태에서 살았던 적은 없다. 또 과거의 온갖 곤경과 불안에도 불구하고 자신의 고향이 되었던 세상에서 지금처럼 존재적으로 의지할 곳을 찾지 못했던 적도 없다.

우리에게 닥친
존재적 위기

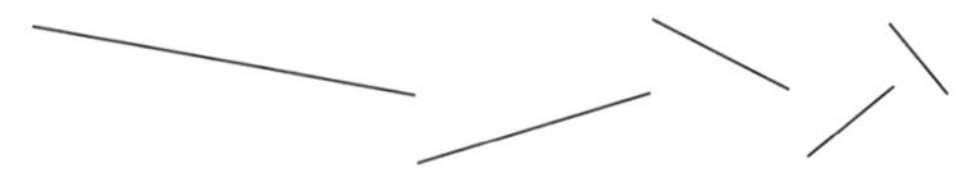

오늘날 많은 사람들이 가치 위기가 찾아왔다고 한탄한다. 그리고 자신의 인생 설계를 의심하거나 최소한 비판적으로 생각해볼 필요가 있다고 말한다. 하지만 누구도 확실한 해답을 찾지 못하고 있다. 사회는 풍요롭지만 많은 사람들이 나침반을 잃어버렸다. 삶이 나아가야 할 방향과 태도에 대한 통찰력을 상실했으며, 이상과 희망에 대해서도 침묵하고 있다.

심리학 연구에서도 부유한 산업국가에서의 탈도덕화 현상과 삶에 대한 회의, 체념, 불안이 만연하다고 보고하고 있다.[5] 사람들은 절망하지 않기 위해 기대할 것이 없는 세상, 예전에는 많은 것을 기대했던 그 세상으로부터 등을 돌린다. 아이러니하게도 물질적으로 풍족하고 안정된 곳에서 이런 실존적 황폐화가 두드러지게 나타난다. 우리는 지금 풍요의 한가운데에 있다. 그런데 지난 수십 년에 걸쳐 이뤄진 연구들에 따르면, 빅터 프랭클Viktor E. Frankl(의미치료와 실존분석을 주창한 오스트리아의 정신과 의사이자 신경학자)이 말한 '실존적 공허Existential Vacuum'가 오늘날 전 세계로 급속도로 퍼지고 있다고 한다.

20세기 중반 이후로 우리의 삶은 이토록 풍족한 적이 없었다(사회적 불균형과 부패는 여전하지만). 그러나 '다수를 위한 풍요'는 자연 실험에서 한 가지 사실을 분명하게 보여주었다. 경제적으로 풍족하고 평화로운 시대에 살면서 자신의 능력을 자유롭게 펼칠 수 있음에도 사람들이 열망하는 '삶의 만족'이 실현되지 않는다는 것이다. 오히려 물질적 풍요로움은 기이한 심리학적 현상들, 내적·정신적 빈곤함을 야기했다. 불만족, 상실감, 좌절감, 무료함, 폭력, 중독성 질환 등이 빠르게 퍼져나간 것이다. 과거 몇 세기 동안 빈곤을 겪으면서 품었던 생각, 즉 시급한 생존 문제를 해결하고 나면 마침내 행복해질 것이라는 생각에 오류가 있었음이 분명하다.

"존재가 의식을 결정한다."라는 마르크스의 유명한 명제 역시 진실로 판명되지 않았다. 오히려 그릇된 의식이 물질적으로 안정된 상태에 있는 존재를 암울하게 만들었다. 이러한 현상은 오늘날 현대인에게 만연한 가치 상실과 실존 위기에서 잘 나타나고 있다. 사람들은 충분히 풍요롭지만 행복감과 만족감을 느끼기 위해 아직 더 많은 것이 필요하다고 생각한다. 그렇게 만족하지 못하는 가운데 또다시 체념하고, 이러한 체념 속에서 삶의 비구속성 또는 일종의 운명론에 빠진다.[6] 모든 것에 무관심해지고 아무것에도 흥미를 느끼지 못하는 '삶의 비구속성'이라는 양상은 또 다른 불안과 방향 상실을 초래하는 기반이 된다. 이렇게 비구속성이 삶의 현실과 다채로움을 볼 수 있는 눈을 닫아버린다면 삶의 방향을 어디에서 찾을 수 있을까?

빅터 프랭클의 '시대정신의 병리학'에 관한 소견을 참작하자면 필요 이상으로 걱정할 것도, 확대 해석할 것도 없다. 대부분은 증상이 약하기 때문에 종종 간과되거나 일상적인 것으로 가볍게 치부되는 경우가 많다. 그러나 일종의 체념이나 둔화라고 할 수 있는 이런 증상은 탁한 색조처럼 우리의 일상으로 스며들어 능동적으로 살려는 의욕을 앗아간다. 이런 사회에서 두드러지게 나타나는 특징은 결핍 현상이다. 무언가에 열광하고 만족하는 능력을 잃어버린다. 개인이나 공동체에 대한 책임감으로 삶에 적극적으로 참여하려는 의욕이 결핍된 것이다.

언젠가 어떤 환자와 이에 대해 이야기한 적이 있다. 그녀는 왠지 모르게 자신의 삶에 다가가지 못하겠다고 말했다. 모든 것에 흥미가 생기지 않고 무료하며, 의미가 없다는 것이다. 말 그대로 무관심, 냉담함으로 인해 무언가를 열망하는 마음이 사라져버린 것이다.

가장 큰 문제는 냉담한 삶의 자세가 마치 '자기 충족적 예언Self-fulfilling Prophecy'처럼 작용하는 경우가 많다는 것이다. 자기 충족적 예언이란 잘못된 예언이 어떤 행동을 유발시켜 결국 그 예언이 현실화되는 것을 말한다. 즉, 세상이 자신에게 다가오지 않는다고 여기고 세상에 대해 아무것도 기대하지 않는 사람, 개인적으로나 사회적으로 세상과 자신은 무관하다고 느끼는 사람이 있다. 오케스트라 전체가 그의 연주만 기다리고 있는데 자신과는 무관하다고 느끼는 상황이다. 이런 사람은 기다리기만 하다가 제때 연주를 시작하지 못한다. 지나치게 미세해서 자신의 삶이라는 곡이 음색을 내기에는 너무 빈약하다고 여긴다.

많은 사람들이 자신의 삶을 소홀히 하고 있다는 모호한 감정을 느끼며 불평을 한다. 문제는 우리 자신의 삶을 소홀히 하면 삶도 우리를 소홀히 한다는 점이다. 우리의 삶은 날마다 특정한 가능성과 사명을 우리에게 부과하고 수행하기를 기다린다. 다시 말해 우리가 없었다면 혹은 우리가 애쓰지 않았다면 지금처럼 되어 있지 않았을 세상에서 무언가를 성취하고 실현하기를 기다린다. 하지만 많은 사람들이 삶의 요구에 귀가 멀어 있거나 들리지 않은 척한다. 어쩌면 정말로 이런 요구를 들을 형편이 아닐 수도 있다. 아니면 들을 수는 있지만, 자신감이 너무 부족하거나 막연한 불안감에 억눌려서 뭔가 중요한 것을 성취할 수 있다고 믿지 않는다.

삶에 대한 그들의 불신은 매우 크다. 그들은 자신의 공헌을 의미 없다고 느끼거나 세상을 변화시키고 이끌어나갈 수 없다고 생각한다. 그래서 자신을 그저 (개인에게 아무런 의미나 책임도 주지 않는) 톱니바퀴의 작은 바퀴에 불과하다고 생각한다.

삶의 가능성들을 양자택일로 기술하는 것, 즉 한 가능성이 다른 가능성을 배제시키는 것처럼 기술하는 것은 잘못이다. 오히려 한 사람의 태도가 이런저런 동기를 지배한다고 할 수 있다. 삶에 대한 강한 불신을 가진 사람들의 가장 단순한 공통분모는 결국 세상과 인간에 대한 체념이다. 이러한 체념적 가치관의 배후에는 좌절과 비구속성이 스며들어 있다. 따라서 인간 존재의 이상적 본질을 특징짓고 삶의 의미와 깊이, 가치를 부여하는 그 어떤 주도권과 책임, 활기, 기쁨도 보이지 않는다.

체념적 삶의 자세가 확산되면 개인의 삶을 암울하게 만들 뿐만 아니라 사회 발전적 관점에서도 톡톡한 대가를 치른다. 사람들이 체념에 빠지면 자신의 행복에만 눈이 먼 것이 아니라 다른 사람의 고통과 곤경에도 똑같이 눈이 멀게 된다.

오늘날과 같이 풍요로운 사회에서 사람들이 근본적으로 만족하지 못하고 무료함과 좌절감을 느낀다는 것은 매우 비극적인 일이다. 이렇게 된 이유는 사람들의 삶에서 사명이 결여되어 있고, 개인의 기여가 얼마나 절실하게 요구되고 있는지, 얼마나 많은 가치 있는 일들이 우리의 관심을 기다리는지를 못 보거나 보지 않으려고 하기 때문이다.

체념은 삶에 실망한 사람들에게 주로 나타난다. 왜냐하면 그들은 애초부터 높은 이상을 품은 뒤 그것을 실현 불가능한 것으로 여기고 포기해버리기 때문이다. 이렇게 생겨난 빈자리에 무관심이 스며든다. 무관심이란 모든 자발성과 이상, 책임감으로 만들어지는 더 나은 미래에 대한 모든 믿음을 파괴한다. 또 우리의 삶이 어떤 중요한 의미와 가치를 지니는지 제대로 깨닫지 못하고 우리가 한탄하며 외면하고 싶어 하는 암담한 일상으로 우리를 되돌려놓는다. 실존적 공허를 유발하는 몇 가지 심리적, 사회적 원인에 대해서는 이 책에서 앞으로 더 심도 있게 분석하고 그로부터 벗어나 삶으로 다시 복귀할 수 있는 방법들을 찾아보고자 한다.

최근 연구들을 자세히 들춰보지 않아도 예상 가능한 한 가지 사실이 있다. 하나의 공동체, 전체적으로 보면 이 세상이 한때 희망과 이상을 가지고 마음을 활짝 열었던 적극적인 조력자들을 잃었다는 안타까운 사실이다. 인간이 가진 최고의 속성, 즉 고정관념에서 벗어나 새로운 사고를 하고 세상에 유익한 기여를 하려는 우리의 마음가짐을 잃은 것이다. 이로 말미암아 우리 사회는 최선의 것을 잃었다. '만물의 순리'에 순응하면서도, 새롭고 활기찬 것이 도약할 수 있도록 기여하고, 호의를 가지고 누군가를 돕거나 곤경을 이겨낼 수 있는 힘을 상실한 것이다.

이러한 사회는 누구에게도 위안이 되지 못한다. 위안은 다른 사람의 어려움을 어루만져줄 수 있는 마음에서 생겨난다. 타인의 고통에 무관심한 것이 아니라 따뜻한 말 한마디나 도움의 손길을 내밀 수 있는 마음에서 생겨나는 것이다. 그런데 무관심에 사로잡힌 사람은 위로가 필요한 타인에게 다가가는 능력을 잃어버리고, 그 역시 절망과 개인적으로 경험한 상실감을 극복하지 못한다. 바로 이러한 이유 때문에 이 세상에서 사람들은 위안을 찾을 수 없게 된다.

하지만 무관심에 사로잡힌 사람 역시 인간이다. 그리고 삶의 의미를 찾아내기 위한 의지와 그에 대한 희망은 인간의 가장 심오하고 결정적인 속성이다. 수많은 심리학 연구와 임상 연구[7], 특히 빅터 프랭클이 발전시킨 '의미치료와 실존분석'이 이 사실을 분명히 입증해주고 있다. 우리가 아는 모든 생명체 중에서 신앙을 가진 유일한 존재가 인간이다. 또한 희망과 사랑을 가진 존재 역시 인간뿐이다. 이 사실은 이미 인간의 속성과 실존적 구조에 대해 우리가 알고 있는 것보다 훨씬 많은 것을 말해준다. 인간의 이상과 사명감은 천부적인 것이다.

이 세상은 도움을 필요로 하며 우리의 관심과 기여를 기다리고 있다. 따라서 이 세상이 더 살기 좋은 곳이 되도록 우리가 힘을 합쳐야 한다. 사실 현상학적 소견은 이러한 희망이 객관적 상관관계를 지니고 있는지를 말해주지 않는다. 하지만 최소한 인간이 지혜를 가진 호모 사피엔스Homo Sapiens일 뿐만 아니라 희망을 품고 삶의 의미를 찾으려고 노력하는 존재임을 말해준다. 우리는 이러한 희망이 그저 거대한 꿈에 불과한지, 아니면 인간에게 주어진 사명이자 현실인지 아직 모르기 때문에 계속 탐구해나가야 한다.

다시 말하지만 희망(꿈)은 인간 존재의 본질에 속한다. 절망은 공허한 빈자리를 남기며, 우리를 냉담하게 만들고, 깊은 고통을 야기한다. 그렇기 때문에 의미도, 사명도, 책임도, 위안도 없는 세상이 되는 것이다. 무관심은 인간으로서의 책임감을 거부한다. 삶으로부터 도망치고 싶어 하는 것이다. 그곳에 빈자리가 생겨나는 것이다.

무관심이 가져온 사회적 충격

개인적인 고통을 일단 논외로 하더라도, 앞에서 기술한 시대적 문제들은 심각한 사회적 결과들을 가져온다. 그 빈자리를 메우는 세력이 우리를 긍정적인 희망으로 안내하는 것이 아니기 때문이다. 때때로 그들은 단순하게 해결할 수 있는 수단으로 대중을 동원함으로써 자신의 이해관계를 추구한다. 이에 대해 빅터 프랭클은 다음과 같이 이야기한다.

> '불안한 사람'은 다른 사람들이 하는 것만 따라하거나(추종주의) 다른 사람들이 그에게 원하는 것만을 한다(전체주의).[8]

불안하고 의지할 데 없는 대중을 움직이는 가장 단순하고 역사적으로 검증된 수단은 환상을 품게 하는 것이다. 희망과 책임을 장려하거나 촉구하지 않고, 환상을 품게 하여 특정 집단, 즉 우리의 지지와 격려, 관용이 가장 필요한 집단을 배제함으로써 대중을 움직이는 것이다. 그래서 체념이 만연한 시대가 대중적 저항이 강한 시대이기도 하다. 대중적 저항은 희망과 각성보다는 대부분 제한과 거부로 점철되어 있다. 말하자면 저항의 핵심에는 더 이상 꿈도, 희망도, 유토피아도 없으며, 과거의 꿈이 남긴 빈자리에 불안과 두려움만 무성하게 자라난다.[9]

오늘날 심리학자와 사회학자들은 시대정신의 새로운 움직임, 즉 분노와 거부라는 삶의 자세가 실제로 증가하고 있다고 확언한다. 많은 연구 논문들은 그러한 움직임이 처음에는 사회적으로 매력적인 요인을 제공했다고 설명한다. 즉, 개인의 무관심을 극복하게 만든다는 것이다. 하지만 많은 사람들이 상실한 이상을 대체할 만한 동등한 가치를 제공하지는 못한다. 동등한 가치가 제공된다 해도 대부분은 어떤 것 혹은 누군가를 배제한다. 그렇기 때문에 상당히 임의적이고, 대립을 가져올 수밖에 없다.

사회심리학 연구에서는 실존적 뿌리가 뽑힌 불안한 사람들이 정치적으로 그릇된 길로 빠지기 쉽다는 사실을 보여주고 있다. 그들은 거부감과 적대감을 품은 채, 심리적으로 보다 온전하고 건설적인 상태에서 자발적 참여와 긍정적 책임을 떠맡아야 얻을 수 있는 의지와 동기를 그리워한다.[10]

우리에게 남아 있는 희망

지금의 시대적 전개 양상을 체념적으로 받아들일 수도 있다. 이러한 현상은 우리 시대에 나타나는 지극히 정상적인 모습이며, 그 안에서 살고 있는 인간이기에 어쩔 수 없이 받아들여야 한다는 것이다. 하지만 다른 한편으로는 개인에게 주어진 이상적이고 조화롭고 성숙한 상태, 즉 개인과 세상, 사명이 조화를 이루어야 하는 그 상태에 장애가 생겼다고 말할 수도 있다.

우리는 이 책에서 후자의 견해를 더 추적해보고자 한다. 어쩌면 이 관점은 우리 사회에 만연한 절망과 이로 말미암아 생겨나는 사회적 냉담함과 무관심을 볼 때 지나치게 낙관적으로 여겨질 수 있다. 하지만 이런 대안적 시각은 해답을 찾을 수 없는 여러 가지 삶의 문제들 앞에서 당황하거나 실존적 뿌리를 잃는 대신, 우리로 하여금 자신의 길을 찾고 사명과 책임에 부응하는 이상적인 상태가 존재한다는 믿음을 갖게 한다.

나는 이 책에서 다양한 논거와 학문적 연구 결과를 참작하여 이러한 시각이 희망적일 뿐만 아니라 무엇보다도 현실적이라는 점을 입증하려고 노력할 것이다. 다시 말해, 나는 이러한 시각이 인간의 본질과 부합하고 나아가 우리의 삶 속에 이미 그러한 속성이 존재한다는 사실을 증명할 것이다.

우리에게 숙명처럼 주어진 사명이 존재한다는 사실을 믿고 기대하지 않으면 우리는 결코 삶의 의미를 찾지 못할 것이다. 임상적, 학문적으로 증명된 관점들에 따르면, 참여적이고 유의미한 인간성은 실현 가능할 뿐만 아니라 우리의 존재 방식이다. 비결정성을 자유로 경험하고 더 나은 것에 대한 희망을 우리의 사명과 책임으로 인식하는 존재 방식인 것이다. 우리가 눈길을 주지 않으면 그 무엇도 현실이 될 수 없다. 다시 말해 우리가 없었다면 존재하지 않았을 것들이 바로 우리를 증명해주고 있다.

그러므로 옛날부터 우리 인간이 가졌던 꿈을 되찾아야 한다. '가치 붕괴'라는 키워드 아래에서 이 꿈은 오랫동안 매장되어 있었다. 이 사실이 도리어 인간을 괴롭히고 힘들게 만들었다.

나는 흔히 거론되는 이러한 가치 붕괴가 전혀 일어나지 않았다는 사실도 이 책에서 입증하고자 한다. 꿈은 우리가 가끔씩 눈에서 놓칠 수는 있지만 결코 사라지지 않는다. 이것은 아주 좋은 소식이다. 오히려 가치가 붕괴했다기보다 우리의 마음가짐, 즉 이러한 가치를 삶에서 실현할 수 있다는 우리의 능력에 대한 믿음, 그리고 이러한 가치를 우리의 결정과 행동의 기본 노선으로 삼는 것이 유익하다는 통찰력을 잃어버렸다고 생각한다. 심리학 및 관념사 연구에서 논의되는 것처럼, 지금의 탈현대 시대가 가치와 이상주의에 대한 불신과 회의를 만들어냈고, 가치를 실현할 수 있다는 우리의 믿음도 상실하게 했다고 볼 수 있다.

어쨌거나 가치를 인지하는 것, 그리고 그것을 긍정적으로 받아들이는 것은 어렵지 않는다. 우리 대부분은 무엇이 가치 있고 의미 있는 것인지 이미 예감하거나 알고 있다. 하지만 현실적으로 어떻게 삶의 가치와 의미에 방향을 맞추고 참여적으로 살아갈지에 대한 지식은 결여되어 있다. 사람들은 의미 있는 삶을 실현하기 위한 책임 있는 행동이 이 세상뿐만 아니라 자기 자신도 풍요롭게 만든다는 사실을 잘 모르고 있다.

반대로 가치 있는 삶을 실현하기 위한 책임 의식을 상실하면 이 세상뿐만 아니라 우리 자신도 정신적으로 황폐해진다. 삶의 의미와 가치가 더 이상 우리의 경험과 행동을 결정하지 못하는 순간, 어쩔 수 없이 다른 것들이 우리의 결정과 행위를 대신하게 된다. 단순한 이해관계일 수도 있고, 그저 감정적인 것에 대한 의존일 수 있다. 하지만 앞에서 이미 암시했듯이, 이해관계나 단순한 감정에 이끌리는 행동은 우리를 고독하게 만들 뿐만 아니라,

진정한 만족감에 다가가지 못하게 가로막는다. 정확히 말하면 삶 자체로부터 우리를 차단시킨다. 왜냐하면 삶은 기본적으로 책임과 참여, 관심과 반응을 통해 결정되기 때문이다.

2장

우리에게 주어진 과제

여기에는 두 가지 희망이 존재한다. 하나는 이 세상이 풍요로워질 수 있다는 희망이고, 다른 하나는 우리의 개인적인 공헌이 더 나은 세상을 만드는 데 보탬이 된다는 희망이다. 분명한 사실은 우리가 세상을 필요로 하는 것처럼 이 세상도 우리를 절실히 필요로 한다는 것이다.

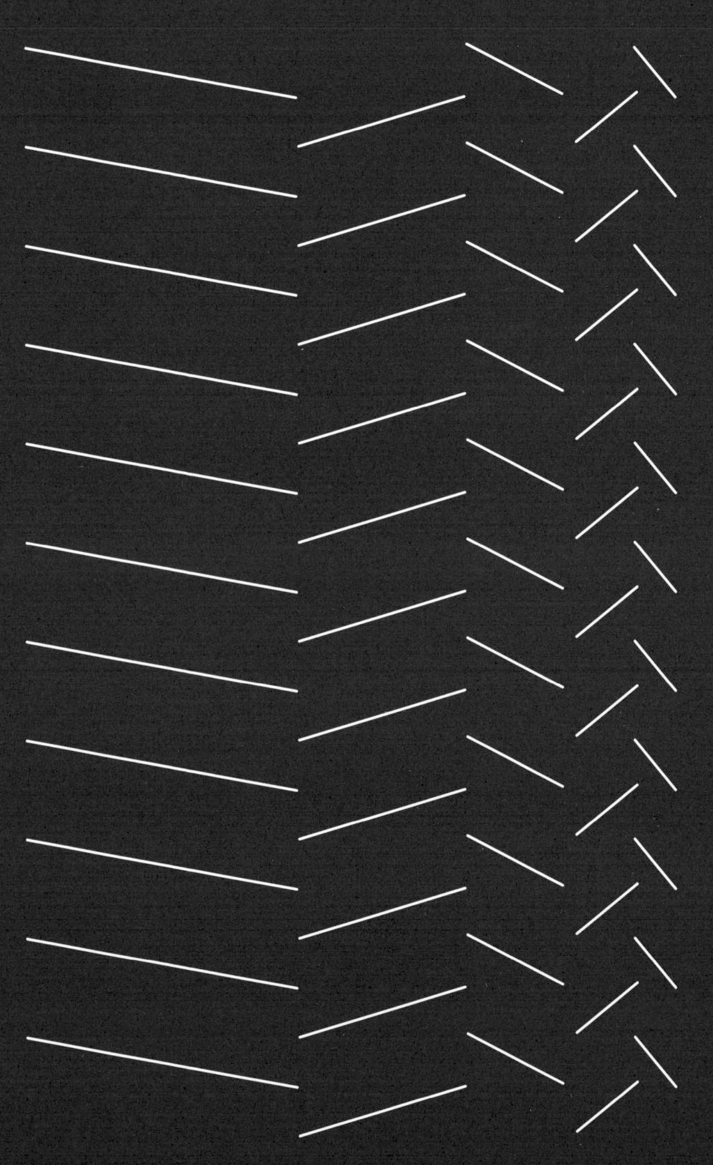

우리의 삶에 주어진 최초의 메시지

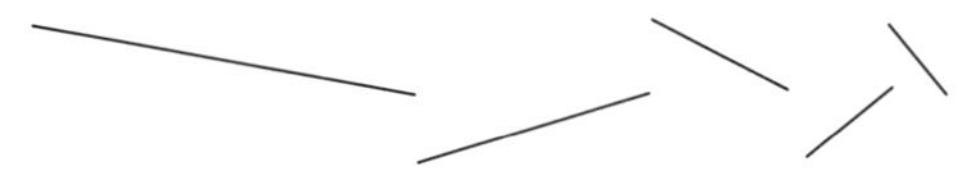

사람은 태어나는 순간부터 다른 사람의 애정과 돌봄에 의지할 수밖에 없다. 사람만큼 이렇게 무방비 상태로 이 세상에 태어나는 존재는 없다. 누군가가 젖과 밥을 먹이고 안전하게 보호하며 길러주지 않았다면 그 누구도 유년기와 청소년기를 견뎌내지 못했을 것이다. 우리의 부모나 혹은 부모를 대신할 수 있는 누군가가 그렇게 해주지 않았다면 말이다.

태어나면서부터 우리는 누군가로부터 동의와 지지, 격려의 말을 들었다. 그런 말들이 없었다면 우리는 하루도 견뎌내지 못했을 것이며, 지금의 우리는 존재하지 않았을 것이다. 이는 우리의 자아상과 세계상이 조화롭고 균형 있게 발전하는 데 필요하며, 나아가 생존에도 필수적이라는 사실을 말해준다. 또한 의미와 가치,

선행과 관용이 우리 존재의 기질이자 본질이라는 것과 삶에 얼마나 긴밀하게 엮여 있는지를 설명해준다. 그리고 희망을 추구하는 것이 왜 가치 있는 일인지, 왜 절박한지도 보여준다. 희망이 없으면 삶의 토대는 위태로워질 수밖에 없다.

인간이라는 존재가 태어나서 첫 번째로 맞이하는 장章은 사랑의 장이다. 사랑은 의식하든 의식하지 못하든 우리의 삶에 주어지는 최초의 메시지이자 핵심이다. 누가, 왜 우리에게 사랑을 주었는지 기억하지 못할 수도 있다. 그러나 우리가 이 세상에 태어난 것을 누군가가 몹시 기뻐해주었을 것이며, 우리에게 희망을 불어넣고 모든 새 생명이 야기하는 희망을 우리에게서 인식했을 것이다. 사랑이 없었다면 우리는 존재하지 못했을 것이다.

동시에 사랑은 무관심, 이기주의에 반대된다. 이기주의는 오로지 자신의 이해관계만을 생각하며 '우리가 왜 선해야 하는가'라는 질문에는 귀를 닫게 만든다.

우리의 양심은 인간 본성에 대한 중요한 경험적 진술을 하고 있다. 그리고 현대사회의 무관심에도 근본적인 질문을 던진다. 즉, 이러한 인간 속성이 유일한 삶의 지침으로 우리에게 천부적으로 주어진 것이라면, 왜 우리는 삶의 또 다른 행로를 선택함으로써 그것을 벗어던지거나 버리려고 하는 것일까? 왜 우리의 삶을 더 나은 쪽으로 이끄는 이 처방전을 믿지 못하는 것일까? 왜 이것을 과소평가하며, 자기중심적이고 쾌락적인 처방전과 맞바꾸려고 할까? 자기중심적이고 쾌락적인 처방전은 (물질적으로 풍요로운 사회에서 오히려 정신적으로 궁핍하다는 사실이 보여주듯) 우리가 본질적으로 추구해야 하는 것, 즉 다른 사람과 더불어 살아야 한다는 깨달음과 호의, 삶에 대한 적극적인 참여와 관용을 우리에게 제공하지 않는다.

우리에게 세상에 대한 호의가 있다면 개인의 행복만을 추구할 때보다 훨씬 만족스러운 삶을 살 수 있다. 결과적으로 볼 때 우리 개개인도 그러한 호의에 힘입고 있다. 다시 말해 비록 나는 그렇지 않았더라도, 다른 사람이 나라는 존재의 선함을 인지하고 나의 생존과 성장을 위해 (감사나 보상을 꼭 기대하지는 않았더라도) 필요한 것을 주었기에 우리가 존재할 수 있었다.

유감스럽게도 우리는 이러한 기본적인 인식을 너무나 쉽게 간과한다. 얼핏 보기에 단순하지만 설득력 있는 문구들, 이를테면 "먹는 게 우선이고 도덕은 그 다음이다First food, then morals." 같은 말로 대체하려고 한다. 문제는 이로 인해 우리 자신과 몇 가지 삶의 진실도 함께 망각한다는 점이다. 우리가 다른 사람의 사랑과 이상뿐만 아니라 우리 자신의 사랑과 이상을 바탕으로 현재에 존재하며 앞으로도 존재할 수 있다는 진실을 잊는 것이다.

지금 우리는 모든 인간에게 선천적으로 내재된 약속을 저버릴 위기에 처해 있다. 이 약속에는 사랑과 호의를 베푸는 많은 사람들과 자연이 지금의 우리를 위해 헤아릴 수 없을 정도로 많은 노력을 쏟았다는 사실이 담겨 있다. 그들은 우리에게 사랑과 관심, 애착, 온기 등 많은 것을 선물했다. 그들은 이를 위해 스스로 노력했고, 우리의 삶을 근본적으로 특징짓는 것(다른 사람들을 필요로 하며, 서로 돕고 책임질 때 빛을 발할 수 있다는 사실)을 몸소 실현했다. 그렇지 않았다면 인간은 결코 살아남을 수 없었을 것이다.

그러므로 우리의 삶이 다른 사람과의 상호작용에 의존한다는 말은 그렇게 미화되거나 이상적인 것이 아니다. 인간의 의존성은 생물학적으로도 근거를 찾을 수 있다. 생물학, 특히 신경생물학의 관점에서 볼 때 인간의 시각은 외부의 다른 사람들을 향해 있으며, 그들을 향해 영향력을 발휘하도록 범주화되어 있다. 또한 우리는 '사회적 뇌'를 가지고 있다. 뇌의 모든 영역과 중앙 신경 체계의 복잡한 제어 시스템은 우리로 하여금 다른 사람들(혹은 다른 생명체)에게 어떤 영향을 미칠지를 의식하면서 우리의 행동을 전개하도록 관할한다. 이처럼 세상에 대한 관심은 우리의 본성이다. 이런 본성을 거부하는 것이 우리 자신과 사회에 어떤 이로움이 있을까?

인류의 역사를 살펴보더라도 사람들이 본성에 충실했을 때는 자신의 결정과 행동을 통해 이 세상과 후세대가 바라는 '선善'을 사명으로 이해했고, 그것이 실현 가능하다는 사실 또한 입증했다. 이렇게 인간은 꿈을 잃어버리지도 배반하지도 않았다. 반면 인간이 꿈을 외면했을 때는 끔찍한 일들이 벌어지곤 했다.

관심과 호의, 삶의 가치와 의미는 우리의 일생, 나아가 인류 역사의 발전과 질서를 지탱해주는 기둥이다. 이 기둥이 흔들리면 우리의 삶 또한 위기에 처한다. 관심과 호의가 필요한 곳에 무관심이 스며들면 우리의 삶의 토대와 미래가 위기에 처하게 된다는 것이다.

이러한 배경을 생각해볼 때, 가치 상실에 대한 한탄이 한 가지 간과한 사실이 있다. 우리 사회가 상실하지 않은 것까지 상실했다고 한탄하고 있다는 점이다. 삶의 토대이기 때문에 절대로 상실할 수 없는 것, 우리 사회는 단지 그것을 눈에서 놓치고 있거나 그것에 대한 믿음을 놓친 것이다.

가치 상실인가,
가치 위기인가

소위 말하는 가치 상실에 대해 좀 더 이야기해보자. 가치 상실은 세 가지 형태로 나타날 수 있다. 첫째, 우리의 자아상 안에서, 우리가 스스로에 대해 믿고 기대하는 것 안에서 나타난다. 둘째, 우리의 인간상 안에서 나타난다. 다른 사람에 대해, 그들과 우리 자신의 관계, 그들의 행동의 동기에 대해 가정하고 믿는 것(그들에게 부여하는 것) 안에서 가치 상실이 나타나는 것이다. 셋째, 우리의 세계상 안에서 나타난다. 세상을 바라보는 방식, 이 세상의 부분이자 동조자로서 자신을 바라보는 방식, 그리고 세상에 대한 기대 속에서 나타난다. 가치를 잃어버렸을 때는 우리가 세상에 무언가를 요구하고 세상도 우리의 기여와 노력을 기다리고 있다는 사실을 깨닫지 못한다.

가치 있는 것에 대한 믿음이나 신뢰, 그 연결고리가 결여되거나 축소될 때 사람들은 개인적 혹은 사회적으로 '가치 위기'라고 말한다. 가치 위기는 앞에서 말한 것처럼 삶에 대한 체념적 감정 속에서 가장 뚜렷하게 나타난다. 체념은 다른 사람이나 이 세상에 어떤 선한 것이 존재한다는 생각을 포기하는 것이다.

가치 위기는 종종 합리적이지 않은 불신에서 발생한다. 삶의 가치와 진실, 선과 아름다움을 의미 없고, 가치 없고, 나쁘고, 추하고, 거짓인 것처럼 느끼게 한다. 희망이나 믿음보다 불신이 더 현실적으로 느껴지도록 만드는 것이다. 이러한 회의론은 매우 현대적이고 계몽된 것처럼 여겨질 수도 있다. 하지만 희망적 시각으로 인지된 삶의 가치와 의미도 현대적이고 계몽적인 차원에서 나타난다는 사실을 인식하지는 못한 듯하다.

심리학 연구에서는 가치에 대한 기대가 큰 불신과 맞닥뜨렸을 때도 여전히 우리 안에 희망이 있다는 사실을 밝히고 있다. 예를 들면 '우리의 삶에 행복이 어떤 의미가 있는가?'와 같은 불안한 질문에도 희망이 담겨 있는 것처럼 말이다.[11] 이것을 간과하는 사람들은 인간 속성에 대해 오해할 뿐만 아니라 자기 존재에 대한 의미와 희망에도 깊은 의구심을 갖는다. 물론 그들도 여전히 마음속에 희망을 품고 있다.

빅터 프랭클은 이런 맥락에서 현대사회의 병리현상에 대해 이야기한다. 현대사회에서는 인간의 존재 의미를 찾으려는 욕구를 성숙함의 상징이 아니라 영혼의 탈선으로 잘못 이해하고 있기 때문이다.

> 가장 염려스러운 것은 인간적인 것뿐만 아니라 정말로 존재할지도 모르는 가장 인간적인 것도 병적인 것과 혼동하는 병리현상이다. 말하자면 가장 인간적인 것을 지나치게 인간적인 것으로만, 즉 약점과 콤플렉스로만 간주하는 인간 존재의 의미 실현에 대한 의심이다. 인간이 자기 존재에 대한 의미를 적게 요구하는 만큼, 의미를 향한 이러한 의지는 우리가 그 의지를 … 치료제로 활성화시킬 정도의 병적 증상이 되지 못한다.[12]

인간 존재의 의미에 대한 의구심으로 동요하는 사람에게 병리학적 의심이 가져오는 결과는 매우 참혹하다. 그는 존재에 대한 실망만으로도 이미 충분히 마음이 무겁다. 그리고 존재의 의미를 찾으려는 자신의 노력이 실존적 소망이 아니라, 심리적 기형에 불과하다고 여긴다. 지그문트 프로이트Sigmund Freud는 다음과 같이 이야기하고 있다.

> 삶의 의미와 가치를 묻는 순간 우리는 병들 수밖에 없다. 왜냐하면 이 둘은 객관적인 방식으로는 존재하지 않기 때문이다. 말하자면 우리는 단지 충족되지 않은 리비도를 비축하고 있음을 인정

할 뿐이다. 리비도와 함께 생겨나는 것은 슬픔과 우울함으로 이끄는 일종의 흥분이다.[13]

가장 인간적인 질문은 실존에 대한 것이다. 그런데 인간 존재에 대한 실존적 질문을 정신적 결함의 징후라고 한다면, 그 결과는 우리에게 고스란히 전달된다. 이 세상이 정상적으로 돌아가지 않고, 우리도 거기에 어울리지 않은 것처럼 여겨진다. 이러한 '의미 모형'을 바탕으로 죽음을 앞둔 환자들에게 도움을 주려고 했던 미국의 심리분석가 쿠르트 아이슬러Kurt Eissler는 다음과 같은 예화를 통해 이를 설명한다.

그 여성 환자는 의미가 충만했던 과거의 삶과 의미 없는 현재의 삶을 비교했다. 그녀는 더 이상 일을 할 수도 없고 하루의 대부분을 누워 있어야 하는 지금은 삶이 무의미하다고 여겼다. 정확히 말하자면 그녀가 아이들을 위해 어떤 일을 해낼 수 있을 때 자신의 존재가 의미 있다는 것이다. 그녀는 집으로 다시 돌아갈 희망이 없는 상태에서 병원에 입원했다. 그녀는 더 이상 침대에서 일어나 아무것도 할 수 없게 된다면 자신이 쓸모없이 썩어가는 고깃덩어리에 불과하며 삶도 의미가 없을 것이라고 말했다. 그녀는 자신의 삶이 여전히 어떤 식으로든 의미가 있다면 모든 고통을 견뎌낼 수 있다고 했다. 하지만 나는 그녀가 중대한 오류를 범하고 있다고 생각

> 했다. 왜냐하면 그녀는 병에 걸리기 이전에도 삶이 무의미하다고 말했지만 자신의 고통을 이겨냈기 때문이다. 나는 철학자들도 끊임없이 삶의 의미를 찾으려는 덧없는 노력을 했다는 점에서 볼 때, 그녀의 이전 삶과 현재 삶의 유일한 차이점은 그녀가 과거에는 삶의 의미를 믿었고 현재에는 그렇지 못하다는 데 있다고 지적했다. 나는 그녀에게 그런 차원이라면 과거의 삶과 현재의 삶이 모두 무의미하다고 단호하게 말해주었다. 내 말에 그녀는 당황했고, 내 말을 제대로 이해하지 못했는지 크게 울음을 터뜨렸다.[14]

실존적 소망에 대한 이런 거부가 사람을 더욱 깊은 절망에 빠지게 만든다. 방어기제 때문일 수도 있다. 어쨌든 주목할 만한 점은 지나친 허무주의가 비교적 최근의 사회적 현상이라는 것이다. 시대적으로 이런 이념적 움직임이 대중화되면서 심리학자들이 만연한 실존적 공허를 관찰하게 된 것도 우연은 아니다.[15]

하지만 사람들이 모든 감정 중에서 가장 마지막까지 지니고 있는 것이 바로 희망이다. 그렇기 때문에 실존적 질문을 병리화하는 것에 대한 열린 대안은 실존적 존재에 대한 희망과 질문을 비정상적으로 보지 않고, 여러 가지 해결 전략이 과거에도 현재에도 목표를 제대로 겨냥하지 못했다는 사실을 인지하는 데 있다.

여기서 앞서 언급된 단서, 즉 허무주의적 삶의 자세와 존재론적 자세는 인간 존재의 희망과 약속에 전혀 부응하지 않는다는 점을 다시 한번 환기할 필요가 있다. 허무주의적 삶의 자세는 '무엇이 더 현실적인가?', '무엇이 우리의 불신을 받을 만한가?'라는 질문에 대한 답이 될 수 없다. 인간은 세상에 발을 내딛는 순간 희망을 표출하는 유일한 생명체이며, 이 세상의 무질서한 것을 어떤 방식으로든 고치거나 변화시킬 수 있는 존재다. 인간은 유토피아를 발전시키고 어떻게 하면 이 세상을 더 좋게, 더 정의롭게, 더 이상적으로 만들 수 있는지에 대한 모형과 이미지를 전개할 수 있는 유일한 생명체다. 오직 인간만이 현재 상태가 지닌 결함에 맞서서 어떤 시도를 해야 한다는 요구를 인식함으로써 함께 앞으로 나아갈 방향을 모색한다. 우리는 결함을 해소하고 세상을 더욱 풍요롭게 만들 수 있다. 발전과 발명을 통해, 문화를 통해, 정의로운 사회의 바탕을 만들기 위해 (설사 우리의 노력이 항상 미완성으로 남는다고 해도) 적어도 노력을 기울이는 존재이기 때문이다.

문화의 발전도 이러한 창조적 관심과 세상의 불완전함에 기인한다. 독단적인 허무주의와 무관심에 맞서는 가장 강력한 반대의 목소리는 (우리가 이루어낸 것, 우리가 이 세상과 희망적으로 마주하는 방식과 더불어) 불완전한 이 세상이다. 불완전함은 이 세상이 우리의 희망에 의존하며, 인간만이 희망을 줄 수 있다는 사실을 말해주기 때문이다. 따라서 인간이 희망을 포기하면 희망은 이 세상에서 소리 소문 없이 사라질 것이다. 물론 이로 말미암아 세상뿐만 아니라 개개인에게도 어떤 부정적 결과가 나타날지는 충분히 예상할 수 있다.

삶의 희망과 의미를 찾으려는 우리의 노력을 정신적 결함으로 간주해서는 안 된다. 그것은 인간의 본성이자 세상이 가진 본질이다. 더 정확하게 말하자면 정신적 결함은 희망과 의미를 포기할 때 나타난다. 삶의 희망과 의미를 포기한다는 것은, 인간이 가진 본질적 특성을 포기한다는 것을 뜻하며, 예술, 아름다움, 위안, 온기, 사랑, 학문적 발견의 기쁨, 감격, 유의미하고 참여적인 삶의 모험을 포기하는 것을 뜻하기 때문이다.

삶과
맺는 동맹

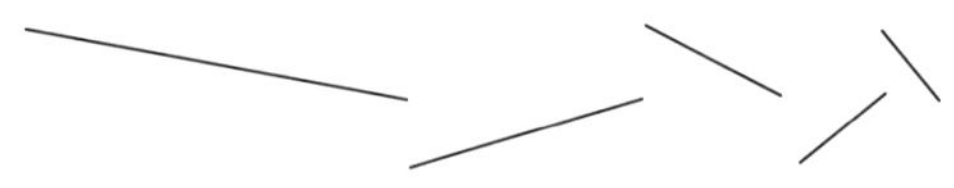

우리의 경험과 행동이 삶의 의미와 가치들을 거부하고 이기적인 생각에서 비롯될 때 어떤 일이 일어나는지는 이 책의 뒷부분에서 더 자세히 살펴볼 것이다. 하지만 편협하게 자신만을 위하는 행동이 어떤 결과를 초래하는지는 쉽게 예측할 수 있다. 당연히 삶의 행복이나 발전, 충만함은 아닐 것이다. '나의 행복'에만 국한되면 우리가 참여적으로 행동하고 삶의 의미를 실현하기 위해 노력할 때 생겨나는 긍정적 반향은 절대 일어나지 않는다. 긍정적 반향이란, 세상이 우리의 기여를 필요로 할 때 이에 응답한다면 무언가를 이루어낼 수 있다는 것이다.

이것은 작은 것에서부터 시작된다. 세상이 우리의 기여를 필요로 하는 것을 너무 추상적이거나 광범위하게 생각해서는 안 된다. 추상적이고 광범위하게 생각하면 일상의 수많은 가능성들을 못 보고 지나칠 수 있다. 이러한 논의를 일상과 동떨어진 이론적 '가치 논쟁'으로 가져갈 필요는 없다. 아주 많은 이야기를 할 수는 있지만, 반드시 유용하고 중요한 이야기가 논의되는 것은 아니기 때문이다.

여기서 중요한 것은 세상 전체를 변화시키고 더 나은 세상으로 만드는 '대규모 프로젝트'가 아니다. 이것은 소수의 사람들이 할 수 있는 일이며, 소수의 사람들에게 요구되는 일이다. 우리는 누구나 자신의 세계와 가까운, 어느 정도 친밀한 주변 사람들을 위해 무언가를 할 수 있다. 누구나 자신의 세상이 좀 더 나은 곳이 되도록 매일 기여할 수 있다.

이를 위해 아주 많은 것이 필요하지는 않다. 친절한 말 한마디, 감사의 인사, 뜻밖의 선물, 소박한 미소, 작은 호의를 표현하는 것만으로도 충분하다. 이러한 호의는 그것을 받은 사람에게는 그날 하루 동안 그가 받은 몇 안 되는 긍정적인 신호일 수 있다. 가족이나 친구, 동료가 도움이나 격려를 필요로 할 때 우리에게 주어진 구체적인 임무를 행할 수 있어야 한다.

또는 지하철이나 거리에서 만나는 사람들의 삶을 짓누르는 고통과 부당함에 반응할 마음이 우리에게 있으면 충분하다. 우리는 그들의 어깨를 내리누르는 짐을 조금 덜어주고, 우리의 행복을 그들과 나눌 수 있다. 또한 아직 완성되지 않은 작품을 구현하는 것도 기여가 될 수 있다. 학문적 연구일 수도 있다. 말하자면 우리 자신의 기여가 없었다면 이루어지지 않았을 모든 것, 이 세상을 풍요롭게 해주는 모든 것일 수 있다.

우리는 이 책에서 여러 가지 삶의 가치와 의미 실현에 대해 좀 더 자세히 살펴볼 것이다. 흥미로운 사실은, 그 모든 것들이 혼자 힘으로 이 세상에 나타나는 것이 아니라 이런저런 방식으로 우리의 이상, 우리의 관심과 능동적인 공헌, 희망에 의존하고 있다는 것이다.

여기에는 두 가지 희망이 존재한다. 하나는 이 세상이 풍요로워질 수 있다는 희망이고, 다른 하나는 우리의 개인적인 공헌이 더 나은 세상을 만드는 데 보탬이 된다는 희망이다. 분명한 사실은 우리가 세상을 필요로 하는 것처럼 이 세상도 우리를 절실히 필요로 한다는 것이다. 이런 사실 자체가 사람들이 관대함으로 세상과 연대를 맺을 수 있는 최고의 토대가 된다. 사람들의 연대는 빅터 프랭클의 말처럼 '미완의 사실Unvollendetheit der Tatsachen'에 기인하여 발전한다.

> 우리가 삶의 사실들에 응답하는 한 우리는 끊임없이 미완의 사실들 앞에 서게 된다.[16]

그러므로 우리가 발견하는 모든 미완의 것들은 아직 절충 가능한 것이며, 우리 인간에게 주어진 사명이다. 즉, '존재하는 것das Seiende'에서 '존재 가능한 것das Sein-Könnende'으로 시선을 돌리는 것이다. 우리는 이 사명 속에서 '마땅히 존재해야 하는 것Sein-Sollende', 다시 말해 우리의 조력을 통해 의미 실현의 가능성을 인식할 수 있다.

존재하는 모든 것에는 가능성만 있는 것이 아니라 의무와 책임이라는 당위성도 존재한다. 오직 인간만이 이것을 인지할 수 있다. 가능성과 당위성 사이에서 자유롭게 선택하고 책임을 질 수 있는 능력은 오로지 인간에게만 주어진 것이다. 이러한 상황은 인간 특유의 보편적 관계로서가 아니라, 그때그때의 일회적 상황에서 독자적 인간을 향한 지극히 개인적이고 구체적인 요구로서 주어진다. 이에 대해 빅터 프랭클은 다음과 같이 이야기한다.

> 사명은 (그 사람의 독자성에 의해) 사람마다 다를 뿐만 아니라, 상황의 독자성에 따라 시간마다 바뀌기도 한다.[17]

이 관점에 따르면, 모든 사람은 (상황, 능력, 결점, 인지 능력 등에 따라) 유일무이한 존재이기 때문에 삶 속에서 실현할 수 있는 것 또한 지극히 개인적이다. 어느 누구도 우리의 삶을 위해 이렇게 구체적인 방식으로 기여할 수 없다. 삶과의 동맹에는 다른 모든 연대가 그렇듯이 대행자가 없다. 반면에 삶은 언제나 새롭게 우리에게 다가온다. 모든 사람이 다르듯이 모든 상황도 똑같이 반복되는 법이 없다. 오늘은 어제나 내일이 될 수 없다. 우리는 하루하루를 새롭게 마주한다.

삶의 의미 또한 사람마다 다르다. 따라서 모든 미완의 사실은 유일무이한 방식으로 미완일 뿐만 아니라, 어떤 사람을 만나느냐에 따라서 완성에 대한 개인적 요구를 담고 있다. 구체적으로 설명하자면, 의사는 아픈 사람에게 전문적인 진단을 내리고 그를 치료해야 하는 요구와 사명을 갖는다. 한편 의사가 아닌 사람도 아픈 사람을 돕고 때에 따라서는 그를 위로해야 하는 사명을 갖는다. 이와 같은 미완의 사실은 서로 다른 두 사람과 마주치면서 전혀 다른 문제 제기를 하기도 한다.

삶과의 동맹 역시 이처럼 개인적이다. 왜냐하면 미완의 사실을 각자의 방식으로 인지하고 주어진 사명과 요구로 받아들이는 사람들과 만나기 때문이다. 이를 통해 우리가 알 수 있는 사실은 어떤 상황도 똑같지 않기 때문에 어느 것도 중요하지 않은 것이 없다는 것이다. 또한 모든 사람이 중요하고 모든 사람의 기여가 중요하기 때문에 그 사람을 대체할 수 있는 사람도 없다는 사실이다.

하지만 좀 더 현실적인 관점을 유지할 필요는 있다. 유의미한 수많은 사명에 직면하더라도 우리는 그것의 가치를 모를 수 있다. 혹은 자신을 불신할 수 있다. 우리 스스로를 실제보다 더 가련하게 생각할 수도 있다. 실제로 사명이 우리 눈에 보이는 것은 아니다. 또 우리 눈에 보인다고 해서 반드시 그것이 포착되는 것도 아니다. 바로 여기서 무관심의 딜레마가 발생한다.

체념에 사로잡힌 사람에게는 어쩌면 이러한 사명이 잘 보일 수도 있다. 그가 사명을 보았다는 것은 이미 가치를 찾아냈다는 것이다. 하지만 사명을 그냥 지나쳐버림으로써 그는 삶을 소홀히 한다는 감정과 공허함을 경험한다. 그로 인해 삶의 현장에서 뒤로 물러나게 되면, 세상은 그만큼 더 궁핍해진다. 이 세상만 궁핍해지는 것이 아니라 그 자신도 궁핍해진다.

세상이 궁핍해지는 이유는 구체적인 가치와 사명이 존재하지 않아서가 아니라, 우리 자신의 존재 가치와 사명의 뿌리를 찾지 못해서다. 사명의 실현은 우리의 책임이지만 정작 우리가 그것을 지나쳐버리는 것이다. 정말로 슬픈 일이다. 이런 태도가 만성화되면 세상에는 또 다른 비극이 일어난다. 실존적 고향인 세상이 점점 우리로부터 멀어지고 소외되는 것이다.

이러한 맥락이 곧바로 이해되지는 않겠지만, 우리 개개인이 다른 사람들로부터 사명의 대상으로 인식되고 그들의 보살핌으로 존재한다는 사실을 기억한다면 어느 정도는 이해가 될 것이다. 실제로 우리가 다른 사람들의 삶에 기여했을 때 이 세상은 우리의 고향이 된다.

그런데 우리가 동참과 책임, 이타심의 원칙이 지배하는 세상으로부터 몸을 뺀다면, 이전의 생물학적, 실존적 고향이 되었던 세계지도에서도 모든 좌표를 삭제하는 것이다. 말 그대로 실향자가 되고, 모순적이게도 우리가 직접 거부했던 것을 그립다며 한탄하게 된다. "나는 이 세상에 맞지 않는 사람이야. 도대체 진짜 세상은 어디에 있는 거지?"

우리가 정신적으로 황폐해지는 이유는 무언가를 전혀 얻지 못하거나 부족하게 얻어서가 아니다. 이는 존재가 지닌 수많은 모순점 중 하나일 것이다. 오히려 황폐해지는 이유는 우리가 무언가를 발산하고 방출하는 것을 등한시하고 거부했기 때문이다. 풍요로운 현대사회에서 나타나는 정신적, 영적 결핍은 이에 대해 많은 점을 시사한다. 자신에게 필요한 것만 취할 것이 아니라 이를 뛰어넘어 기꺼이 세상에 동참할 때 비로소 사명을 얻게 된다. 반대로 이기적으로만 사는 사람은 자신의 존재 가치를 상실할 수밖에 없다. 자신의 존재 이유를 상실하면 외로움, 불안함, 불확실함, 체념의 감정이 생겨난다. 이러한 상태를 오랫동안 버틸 수 있는 사람은 극소수이고, 대부분의 사람들은 어떤 대가를 치르더라도 벗어나려고 한다. 이를 위한 수단은 매우 다양하다. 흥미롭게도 실존적 공허감이 심해질수록 여가산업도 성장한다. 이에 대해 에리히 프롬은 현대인의 정신적 상태를 다음과 같이 예측 분석했다.

우리는 몇 시간 동안 텔레비전을 보거나 드라이브를 하며, 여행을 하거나 파티에 간다. 아침에 일어나서 밤에 잠들기까지 단 1분도 움직이지 않는 순간이 없다. 의식적으로 지루해할 틈이 없다. 하지만 나는 묻고 싶다. 대부분 아무 내용 없는 텔레비전의 오락거리, 무의미한 잡담, 스트레스 해소용으로 제공되는 비현실적인 감성 영화를 만족스럽게 느끼려면 우리는 도대체 얼마나 끔찍할 만큼 지루해져야 할까? 우리는 시간을 아끼려고 매우 노력하지만, 획득한 시간을 그저 '낭비'하는 것 외에는 시간을 어떻게 절약해야 하는지 알지 못한다. '지루함'은 내면적 생동감, 생산적 활동, 세상과의 관계성, 우리를 둘러싸고 있는 모든 것에 대한 관심의 부재와 연관이 있다.[18]

무덤덤하거나 냉담한 사람은 간혹 내적 공허함이 느껴질 때 자신의 삶을 더욱 실존적으로 구성하기 위한 요구로 받아들이는 것이 아니라, 일종의 실수나 잘못으로 받아들인다. 그리고 바로 여기에서 의심스러운 사고의 전환이 일어난다. 말하자면 전력을 다해 공허함에 맞서거나 벗어나려고 노력하는 대신 한탄을 하고 누군가의 도움을 기다린다. 공허함에 대한 책임이 자신에게 있지 않고, 외부에 있다고 진단한다. 그리고 공허함을 자신에게 안겨준 실존적 문제로부터 또 한 걸음 물러나버린다.

여기서 눈에 띄는 한 가지 사실이 있다. 대부분의 심리치료가 세상과의 동맹을 거부함으로써 생기는 불안을 자양분으로 삼고 있으며, 산업 및 소비 사회의 기만적인 책략에 그 이름을 올리고 있다는 사실이다. 따라서 점점 만연해지는 실존적 공허와 무의미한 삶에서 느끼는 고통이라는 불분명한 증상을 치료하기 위해 각종 심리치료 상품들이 나타난 것은 결코 우연이 아닐 것이다.

왜 그렇게 느끼는지를 추적하는 대신 어떻게 느끼는지에 대해서만 다룬다면 우리는 증상과 원인을 혼동하게 된다. 이 세상을 실존적 고향으로 경험하지 못하고 공허함을 느끼는 사람은 매우 불안해할 수 있다. 하지만 그의 불안은 어떤 대가를 치르더라도 극복해야 하는 것이 아니다. 오히려 구원을 위한 기회가 될 수 있다. 왜냐하면 불안은 그가 지금 그릇된 방향으로 가고 있다는 것을 알려주고, 이제 이기적인 상태에만 머무르지 않고 다시 마음을 열고 능동적인 삶 속으로 들어올 시간이라는 것을 말해주기 때문이다.

가장 큰 문제는 공허함으로부터 어떻게든 벗어나려고만 한다는 데 있다. 온갖 다양한 대안들이 나오지만, 우리가 어느 곳에 필요하고 얼마나 중요한 존재인지 모를 때 생겨나는 삶의 빈자리를 완벽하게 채워줄 수는 없다. 잃어버린 희망을 그저 심리적으로 극복하려고 노력하는 것과 같이 무의미한 일은 없다.

우리가 상실한 것, 희망을 대체할 수 있는 것은 없다. 우리의 본성이 쉽게 망각되지 않듯이, 마음의 목소리도 외면할 수 없다. 희망이 끊어졌다고 해서 희망이 사라지는 것은 아니다. 선善 또한 소홀히 한다고 해서 사라지는 것이 아니다. 지금은 소홀한 상태이지만 여전히 남아 있다. 다시 말해 선이 우리를 버린 것이 아니라, 우리가 선을 버린 것이다. 믿음이 모자라서일 수도 있고, 책임을 외면해서일 수도 있다. 아니면 우리의 노력 없이는 결코 이루어지지 않을 무언가를 성취하고 실현시키려는 노력을 회피해서일 수도 있다. 어느 것이 됐든 우리는 지금 우리와 세계 사이에 존재하는 동맹을 위태롭게 하고 있다.

기분 전환이나 단순한 욕구 충족, 혹은 위태로운 동맹에 대한 상실감을 다른 것과 맞바꾸려는 심리적 노력은 좋은 대안이 될 수 없다. 왜냐하면 우리 스스로 괜찮은 존재라고 느끼는 것과 우리가 누군가에게 괜찮은 존재라고 느끼는 것은 전혀 다른 문제이기 때문이다. 기분 전환이나 욕구 충족은 우리에게 단기간의 만족감과 쾌감을 선사할지 모르지만 지속가능하지는 않다. 정확히 말하자면 학문적 연구나 일상적 경험만으로는 세상에 대한 실망감을 쉽게 극복하지 못한다. 우리가 세상과 다시 화해할 때까지 실망감으로 인한 고통은 지속될 뿐이다.

다른 한편으로 세상과의 동맹을 끊고 혼자만을 위해 살려고 해도 모든 일이 계획대로 되지 않는다. 원칙적으로 행복을 경험해야 하는 모든 이유를 스스로 내팽개쳐버렸기 때문이다. 그와 동시에 행복의 근원도 사라지고 만다. 일시적 감정은 믿을 수 있는 것이 못 된다. 감정은 덧없고 고마워할 줄 모르는 손님과 같다. 어느 때는 반갑고, 또 어느 때는 반갑지 않은 손님이다. 감정은 영속성과 가치를 전혀 남기지 않는다. 삶이 의미를 잃어버렸다는 이유로 오로지 일시적 만족감이나 쾌감만을 우선시하는 사람은 모래 위에 집을 짓는 셈이며 감정에 종속될 수밖에 없다. 이러한 일시적 감정은 단순히 좋은 것에 대한 반응일 뿐이다. 말하자면 그 순간은 부족함 없이 행복하고 충만할 수는 있지만 그 근거와 토대는 결여되어 있다.

세상과 연대하는 가치관을 외면하고 자신을 위해서만 노력하는 사람은 일시적 만족감과 장기적 열망 사이에서 갈팡질팡하게 된다. 언젠가는 권태감이 찾아들 것이다. 그리고 그것이 삶의 전부가 아니라는 불안한 예감도 엄습할 것이다.

유한성으로 인해 획득된 자유

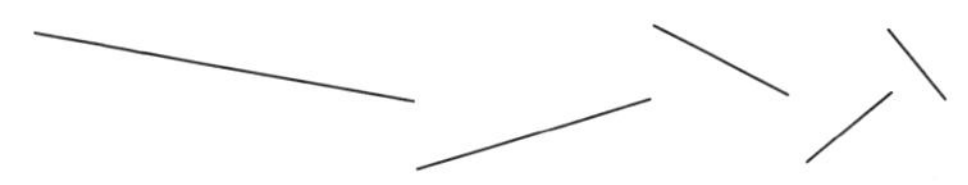

권태로움으로 엄습하는 허무는 존재의 한계에 다다랐을 때도 나타난다. 삶의 마지막에 다다랐다는 것을 알면서 지금과 같은 상황이 무한히 계속되지 않는다는 것을 고통스럽게 의식할 것이다. 어느 날 더 이상 아침이 찾아오지 않으리라는 것을 느끼는 것이다. 그때쯤이면 독일의 철학자 막스 셸러Max Scheler가 말한 '형이상학적 경솔Metaphysischen Leichtsinn'[19]도 끝이 난다. 죽음의 이념과 그 사고를 망각하고 배제하려던 노력의 무익함을 깨닫게 되는 것이다. 그렇게 되면 '이게 전부였어?'라는 질문 속에 삶 전반에 대한 실망뿐만 아니라 자신에 대한 실망도 들어 있게 된다.

"내가 남길 것이 고작 이게 전부라고? 아직 맛보지 못한 행복은 없나? 나에게 남은 게 뭐지?"

그래서 인간의 유한함과 함께 실존 문제가 해결되어야 한다. 우리가 유한하다는 현실을 깨닫는 동시에 존재적 문제인 무관심, 안일함, 자신으로의 후퇴가 대두되기 때문이다.

아이러니하지만, 연구에 따르면 삶에 무관심한 사람이 죽음에 대한 두려움을 더 느낀다고 한다.[20] 이들은 자신의 삶이 가끔은 좋은 순간도, 덜 좋은 순간도 있지만, 전체적으로 큰 의미는 없다고 여긴다. 이들은 죽음을 두려워하면서도 왜 삶에 애착을 가지지 않는 것일까? 삶의 의미와 가치를 찾게 되면 훨씬 더 많은 것을 경험하고 공유할 수 있는데 말이다.

어쩌면 여기에는 희망이 작용하고 있을지도 모른다. 잃어버렸다고 생각했던 희망, 우리의 삶과 단단히 결속된 그 희망은 아직 이행되지는 않았지만 시간이 더 주어진다면 언젠가 현실로 이루어질 것이다. 그런데 인간의 유한성은 이러한 희망을 좌절시킨다. 말하자면 '언젠가'는 결코 오지 않을 수 있다. 우리는 영원한 존재가 아니기 때문이다.

어찌 됐든 우리는 삶이 유한하다는 사실을 고려할 수밖에 없다. 유한성은 인간의 절대적 속성 중 하나이기 때문이다. 그렇기에 우리에게 무한한 시간이 주어진 것처럼 삶을 기술하는 인생 모형은 현실적이라고 할 수도 없고 매우 의심스럽다.

과거 실존주의 철학자나 심리학자들은 삶 자체만큼 유한성에도 많은 의미를 부여하고 가치를 두었다. 그들은 처음부터 유한성을 전제로 해야 비로소 삶을 제대로 이해하고 이끌어나갈 수 있다고 여겼다.[21] 유한성으로 인해 주어진 삶의 시간이 절대적이고 긍정적인 의미와 구속성을 갖기 때문이다. 만약 인간의 삶이 무한하다면 삶의 의미와 구속성을 특정 조건들과 결합시켜 아주 힘겹게 이끌어내야 할 것이다. 우리가 올바른 조건들을 지정했는지, 그러한 조건들이 정말로 존재하는지도 확신할 수 없다. 하지만 우리가 유한성을 가진 참여자로 이 세상에 존재한다면 세상과의 관계는 새로운 깊이와 구속성을 얻는다.

이러한 배경을 바탕으로 삶의 근본적인 물음이 시작된다. 예를 들면 삶 전체의 덧없음뿐만 아니라, 개별적 단면들의 덧없음을 의식하고 지금까지와는 다른 생각을 끄집어내는 것이다. 언젠가 자신의 삶을 돌아보게 될 시점이 있다면 오늘의 우리는 무엇을 행하고 결정해야 할까? 우리가 달라질 수 있을까? 우리의 유한성이 지닌 덧없음과 절대적 속성은 우리가 달라질 수 있다는 마음가짐에 가치와 의미를 부여한다. 우리의 행동은 현재의 상황에만 영향을 미치는 것이 아니다. 우리의 인생사에도, 다시 말해 우리가 개인으로서 이 세상에 남기는 고유한 흔적들에도 압축되어 나타난다. 이 흔적들이 오늘날 형상화된 것이 바로 '자유'다. 자신의 삶을 어떤 방식으로든 규명하도록(살아 있어서 좋다고 긍정할 수 있도록) 독촉하는 허무함을 알기 때문이다.[22]

우리의 삶은 그냥 소진되고 소모되는 것이 아니다. 삶을 이루는 물질이 훌륭한 영향력이 될 수 있다. 양초의 왁스(삶)가 빛(영향력)이 되듯이[23] 삶은 우리에게 수많은 의미와 가능성을 제공하며 많은 질문을 제기한다. 삶의 의미와 가능성은 우리에게 포착되기를 바라고, 여러 가지 질문에 대해서도 답을 내놓기를 바란다. 그렇지 않으면 우리가 죽을 때까지 그것들은 가능성으로만 남을 뿐이다. 말하자면 결코 빛이 되지 못하는 왁스와 같다.

유한성을 고려할 때, 우리가 참여적이고 책임감 있는 삶을 미루고 이것저것 시험해보는 것은 사치다. 삶에는 리허설이 없다. 삶은 언제나 우리에게 제시된 그 자체다. 그래서 현재 자유와 책임을 덜어내면, 남아 있는 자유와 책임은 그만큼 많아진다. 우리는 마치 삶이 끝나지 않을 것처럼 우리의 삶을 탕진할 호사를 누릴 수 없다. 이러한 관점에서 우리는 유한성을 통해 더 많은 자유를 획득할 수 있다. 왜냐하면 실존적 본질과 사명에 부응하지 않는 일을 위해 우리의 시간을 바칠 수 없다는 것을 깨닫기 때문이다.

유한성을 인식하는 것 자체가 우리에게 권리를 부여한다. 정확히 말하자면 자율과 자립을 위한 책임까지 부여한다. 이러한 권리는 우리를 강요로부터 해방시키고, 우리에게 주어진 유한성으로 시작할 수 있는 것에 대한 자유와 책임을 부과한다.

나쁜 일을 할 때는 삶의 대부분이 우리에게서 멀어진다. 하지만 아무것도 하지 않을 때는 삶의 가장 큰 부분이 멀어지며, 중요하지

> 않을 것을 할 때는 삶 전체가 멀어진다. … 모든 시간들을 꽉 붙잡아라. 오늘을 잘 붙잡으면 내일에 덜 의존하게 될 것이다. 삶은 하루하루 더 빨리 지나간다. 모든 것은 다른 사람에게 속해 있지만, 시간만은 우리의 것이다.[24]

유한성이라는 진실을 옆으로 제쳐두는 사람은 자기에게 두 번째로 안전한 순간을 쫓아내는 것이다. 첫 번째로 안전한 순간은 어린 시절 애착과 사랑을 받았던 때다. 두 번째로 안전한 순간은 유한성과 그로부터 생겨난 책임, 즉 우리의 시간과 가능성을 책임감을 가지고 대하는 때다. 나는 어떤 사람이 되려고 할까? 나의 진정한 모습은 어떤 모습이어야 할까? 나는 무엇을 발산해야 하며, 무엇을 행하고 남겨야 할까? 이 질문들은 우리에게 부과된 책임에 응해야만 대답할 수 있다. 그렇지 않으면 의미 없고 비구속적인 삶은 아물지 않는 상처로 남을 뿐이다. 단순한 만족감만을 추구하는 방해자가 되는 것이다. 이렇게 얻어지는 만족감은 우리가 바라는 만큼 삶을 충족시켜주지 못한다.

세상을 향해 무엇을 발산했는가

나는 모스크바대학의 교환교수직을 맡고 있고, 정기적으로 그곳의 대형 호스피스를 방문한다. 러시아에서 최초로 지어진 이 호스피스에서 지내는 대부분의 노인들은 격동이 많았던 지난 세기의 역사(세계대전, 기근과 궁핍, 정치적 억압과 감시, 불안정의 시기)를 경험했다. 이제는 죽음을 준비하는 노인들과 개별 면담을 하면서 매번 명백하게 드러나는 사실이 있다. 자신이 얼마나 많은 고통과 어려움을 겪었는지의 관점에서 자신의 삶을 평가하는 사람들은 극소수라는 것이다. 오히려 그들은 자신이 행하거나 행하지 않은 것, 말하자면 자신이 세상을 향해 무엇을 발산했느냐의 관점에서 삶을 평가했다.

삶의 마지막 순간에는 책임이 큰 비중을 차지한다. 삶의 조건이 아니라, 우리가 그 조건에서 행하거나 행하지 않은 것이 중요하다. 다시 말해서 운명이 우리에게 건네준 것보다 우리가 세상을 향해 무엇을 발산했는지가 더 큰 비중을 차지하는 것이다.

독일어 교사였던 90세의 친절한 노부인과의 개별 면담이 기억난다. 우리는 어느 초여름에 호스피스 내에 있는 매력적인 정원의 사과나무 아래에 앉아 있었다. 정원은 분주한 대도시 한가운데 있는 평화로운 오아시스 같았다. 그녀는 자신의 삶에 대해 나에게 차분하게 이야기했다. 면담이 끝날 무렵 그녀는 이제 곧 자신의 인생 마지막 페이지가 끝날 것이라고 했다. 또 자신의 역사를 수정하거나 개선할 수도 없고, 챕터를 뒤에서 앞으로 넘길 수도 없다고 했다.

그녀의 목소리는 상당히 기쁘고 만족스럽게 들렸다. 이제 마무리가 되어가는 자신의 책 속에 들어 있는 내용에 전체적으로 감사하고 보람을 느낀다고 했다. 다만 자신의 학생들에게 신중하지 못했던 몇몇 상황들, 그들을 도울 몇몇 기회를 놓쳤다는 사실이 삶의 전체 그림을 조금 울적하게 만든다고 했다. 하지만 자신의 삶이 대체적으로 평화로웠으며, '잘 살고, 잘 죽을' 수 있을 것 같다고 했다. 그녀는 나에게 아직 인생을 써나갈 수 있다는 것, 얼마나 많은 엉성한 결말과 성공적인 챕터를 만들어내고, 그것들이 인생 전체에 영향을 미칠지를 현재에 결정할 수 있다는 것은 나의 행복이자 책임이라고 말했다. 나도 결국은 나의 역사를 마무리해야 한다는 것이다. 그녀는 이렇게 말했다.

"당신의 인생을 잘 만들어나가세요."

빅터 프랭클이 삶에 대한 책임을 회피하려고 했던 환자들을 심리치료할 때 이러한 그림을 사용했다는 것이 매우 흥미롭다.

> 우리는 환자에게 인생이 한 권의 소설이고 자신은 주인공이라고 상상해보라고 지시한다. 말하자면 그는 완전히 마음대로 사건의 흐름을 조종하고 결정할 수 있다. 그러면 그는 자신이 꺼리고 회피하던, 표면적으로 부담스럽게 느껴진 책임감 대신에 무수한 행동을 결정하는 자유를 얻게 되고, 그로 인해 인간 존재의 본질적인 책임을 경험하게 된다.
>
> 마지막으로 우리는 그에게 자신의 행동에 전력투구할 것을 좀 더 강력하게 호소할 수 있다. 삶의 종점에 도달하여 전기를 작성하고 있다고 상상해보라고 요구하고, 마침내 현재의 장章을 써보라고 한다. 그러면 그는 마치 기적이 일어난 것처럼 자신의 전기를 마음대로 수정할 것이며, 곧이어 벌어질 사건들도 완전히 자유롭게 결정할 것이다. … 이러한 비교 수단 역시 그가 부담감으로부터 벗어나서 행동하도록 만들 것이다.[25]

우리는 삶의 근본 속성인 유한성으로 인해 우리가 오늘 결정하고 선택한 인생행로가 과거 속에 자리 잡으면서 우리의 인생사에 압축되어 나타난다는 사실을 의식하게 된다. '지금 이 순간'에도 불가피한 변화들이 무수히 들어 있다. 좋은 변화일 수도, 그렇지 않은 변화일 수도 있다. 우리가 현재의 결정에 '미래의 나'라는 척도를 적용하고, 미래의 나에게 평화롭게 이별할 수 있는 선물을 주려고 한다면 무관심과 비구속성이 바람직한 삶의 모습이 아니라는 사실도 예감하게 된다.

우리는 이미 '비구속성'과 '희망의 거부'를 불신해야 하는 두 가지 이유를 알고 있다. 첫 번째는 우리가 무언가를 이루어나가는 삶의 방식과 양상 때문이고, 두 번째는 우리의 유한성 때문이다. 이제 이러한 정황을 통해 현재의 위기를 다시 들여다보고 세상과의 동맹을 가로막는 삶의 자세를 살펴보려고 한다.

3장

현재는 열려 있다

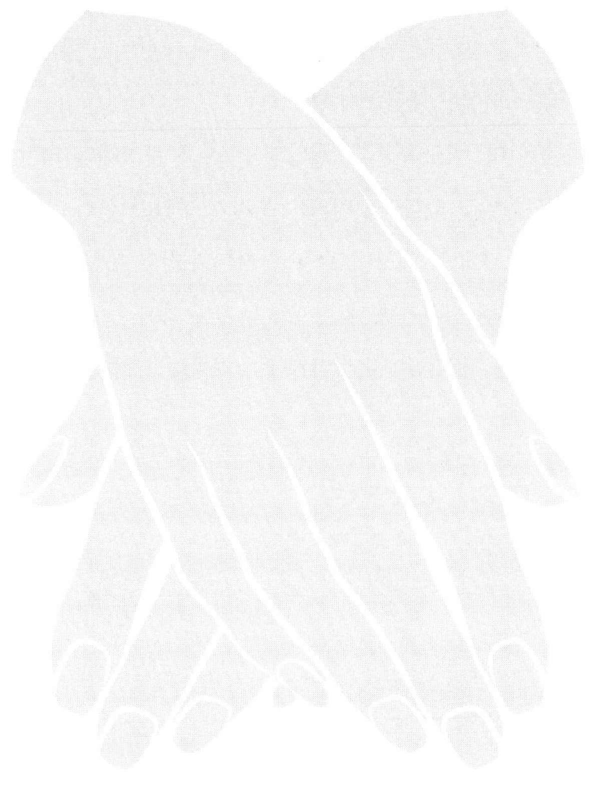

자신에게 일어나는 일을 지켜보기만 하는 것이 아니라 관심을 갖고 책임질 수 있다면 어떤 가능성이 펼쳐질까? 존재하는 것뿐만 아니라 현재 상황에 부여된 의무까지 바라본다면 우리에게 어떤 가능성이 열릴까?

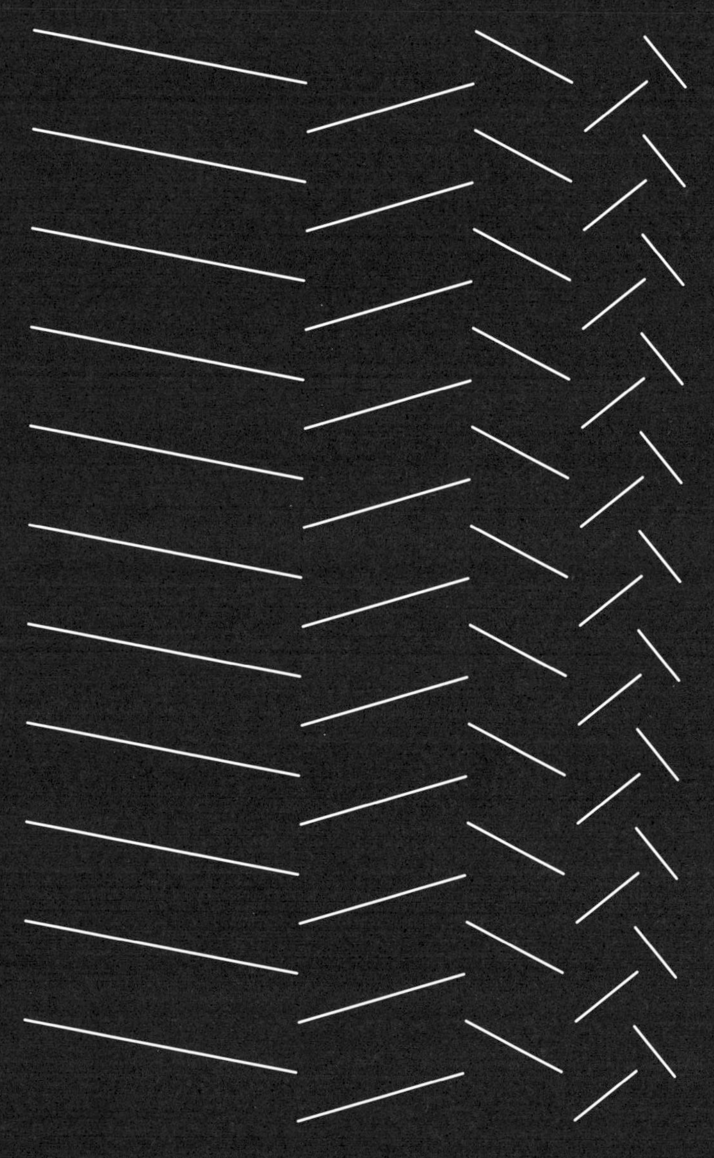

언제까지 기다릴 것인가

오늘날 체념적인 인생관과 세계관이 널리 퍼져 있다는 사실은 많은 것을 생각하게 한다. 출생과 죽음이라는 우리의 삶이 지닌 가장 단순한 두 가지 사실은 이미 비구속적인 인생관과 세계관에 오류가 있음을 입증해준다. 이러한 사실에 우리는 어떻게 하면 의연해질 수 있을까?

빅터 프랭클은 이 답을 얻기 위해 평생 동안 전념했다. 그는 이미 20세기 중반에, 특히 부유한 산업국가를 중심으로 널리 퍼져나간 임시적 삶의 자세에 주목했다.[26] 프랭클 또한 죽음의 수용소에서 살아남아 고향인 빈Wien으로 돌아왔다. 그는 2차 세계대전 직후 몇 년 동안 이러한 체념적 삶의 감정들을 가장 먼저 확인했고, 나아가 한 시대에서, 그리고 오늘날의 시각에서 체념적 삶의 자세를 취할 수밖에 없게 만든 암울한 사건들 속에서 확인했다.

이해를 돕기 위해 역사적, 사회적 맥락을 살펴볼 필요가 있다. 즉, 당시 전쟁 세대는 제1차 세계대전과 그 후의 유럽의 새로운 질서를 경험했고, 20년도 지나지 않아 제2차 세계대전 발발과 공포정치를 겪었다. 그리고 히로시마와 나가사키 원자폭탄 투하를 직면하여 세계를 파괴하는 현실적인 위협을 목격했다. 전쟁이 끝난 후 이들 세대에게 남겨진 것은 무엇이었을까?

그들이 경험한 과거는 무거운 짐이자 부담이었다. 그들은 이 부담을 의식에서 떨쳐버리려고 했지만, 그저 일시적이었을 뿐이다. 대량 살상과 죽음 앞에서 그들은 무거운 마음과 고통을 완전히 덜어내지 못했다. 현재는 의심스러웠다. 그들을 힘들게 하는 것은 물질적인 빈곤과 체념만이 아니었다. 과거를 이해하고 불확실한 미래를 계속 만들어갈 힘을 어디에선가 얻어야 한다는 사명이 무거운 짐이 되어 마음을 괴롭혔다.

이 세대는 두 차례의 세계대전을 겪었다. 그 외에도 몇몇의 변혁, 인플레이션, 세계 경제 위기, 실업, 테러를 모두 겪었다. 한 세대가 경험하기에는 너무나 많은 것들이다. 그들이 믿어야 하는 것은 무엇일까? 세상을 재건할 수 있다고 믿어야 할까? 그들은 더 이상 아무것도 믿지 않는다. 그저 기다리고 기다린다.

전쟁 전에는 이렇게들 말했다. "지금 뭔가를 계획하자고?" 그렇다면 매 순간 전쟁에 이를 수 있는 지금은 어떤가? 전쟁 중에는 이렇게들 말했다. "지금 우리가 무엇을 할 수 있겠어?" 전쟁이 끝나기를 기다리는 것 말고는 아무것도 할 수 없었다. 그리고 전쟁이 거의 끝났을 때 다시 이렇게들 말했다. "지금 우리가 뭔가를 해야 한다고?" 전후 시대에는 할 수 있는 것이 아무것도 없다. 모든 것이 임시적이다.[27]

실제로 우리는 수많은 심리학 연구들을 통해 프랭클이 기술한 '임시적 존재'로서의 자세가 전후 시기에 전염병처럼 대중에게 파고든 심리적 문제였음을 알고 있다. 하지만 앞서 이야기했듯이 이러한 삶의 자세는 오늘날과 같은 풍요로운 시대에도 염려스러울 만큼 대거 관찰되고 있다. 게다가 오늘날에는 임시적 자세가 (아직까지는 대거 관찰되지는 않지만) 두 가지 부수적 현상을 통해 훨씬 강화되고 있다. 말하자면 임시적 존재로서의 삶에 '제도적 시스템'을 향한 분노와 우리의 도움을 필요로 하는 궁핍한 사람들을 향한 불분명한 분노가 겹쳤고, (일괄적으로 격렬하게 거부하면서도) 제도적 시스템을 향한 요구가 더해졌다.

이러한 전개 양상은 유사한 대중심리를 유발한다는 이유만으로도 주목할 만하다. 전쟁 세대는 궁핍함 속에서 살았고, 우리는 가장 풍요로운 상황 속에서 살고 있다. 전쟁 세대가 무법 상태의 폐허에서 벗어나 새로운 국가를 세우기 위해 임시성이라는 삶의 감정을 이겨내고 힘을 합쳤다면 어떻게 되었을까? 오늘날의 사회가 무관심과 체념, 불분명한 분노와 거부의 감정에 따라 자신의 경험과 판단, 행동을 결정한다면 지금의 풍요로운 유산은 어떻게 될까? 오늘날의 사회 역시 (프랭클이 임시적 삶의 특징으로 기술한 것처럼) '기다리기만' 한다면 어떻게 될 것인가? 현재의 세대는 도대체 무엇을 해야 할까? 자신에게 일어나는 일을 지켜보기만 하는 것이 아니라 관심을 갖고 책임질 수 있다면 어떤 가능성이 펼쳐질까? 존재하는 것뿐만 아니라 현재 상황에 부여된 의무까지 바라본다면 우리에게 어떤 가능성이 열릴 것인가?

우리가
무엇을 해야 할까

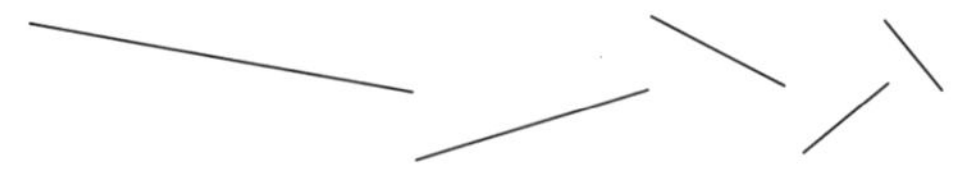

'의무'라는 단어는 두 가지 뜻으로 해석되는데, 어쩌면 이것이 우리가 제기하는 질문의 답이 될 수 있을 것이다. 의무에는 최소한 두 가지 실행 방식이 존재한다.

첫째, 암시적인 어떤 기대와 요구를 말한다. 이것은 세상에 요구하는 의무다. 우리는 여러 가지 이유에서 세상이 우리를 행복하게 해주어야 하며, 우리를 인정하고 욕구를 만족시켜줄 의무가 있다고 여긴다. 하지만 세상은 우리가 기대하고 요구하는 것을 다 들어주진 않는다.

둘째, 의무는 우리가 세상을 향해 요구하는 것이 아니라 세상이 우리에게 요구하는 것이다. 이를테면 오케스트라가 우리의 시작 신호를 기다리고 있는 것이다. 문제는 우리가 신호를 보내지 않고 기다리고만 있다는 것이다. 또는 아직 기록되지 않은 삶이라는 책의 한 장章과 같다. 우리가 훗날 인정하고 싶지 않을 수 있지만, 이 장은 끝내 기록되지 않을 수도 있다. 가령 이때 나는 중요한 뭔가를 소홀히 했다, 이때 삶이 나에게 던진 질문에 대답하지 않아서 빈자리가 생겼다는 식이다. '의무'에 대해 말할 때 중요한 것은 내가 세상으로부터 무엇을 기대하느냐가 아니라 내가 나에게, 삶이 나에게 기대하는 것이 무엇이냐는 것이다.

하지만 흥미롭게도 '우리가 무엇을 해야 하는가?', '이 상황에서 우리에게 요구되는 것은 무엇인가?'라는 질문은 오늘날 듣기 어렵다. 임시적 자세는 기다리는 행위, 무언가를 기대하는 행위를 통해 그 특징이 두드러지게 나타나기 때문이다. 정확히 말하자면 자신에게 무언가를 기대하는 것이 아니라, 다른 사람들, 세상, 운명, 혹은 나에게 더 이상 영향을 미치지 않는 위인에게 기대하는 것이다.

여기서 우리는 전쟁 세대와 현재 세대가 보이는 임시적 자세에 존재하는 두 번째 결정적인 차이를 발견한다. 프랭클이 당시에 언급했던 것처럼, 임시적 삶의 자세는 행동하는 것이 아니라 운명에 따라 주어진 것을 기다리는 것이다. 전쟁 세대는 기다리는 것을 택했다. 그리고 그들은 좋은 것을 기대하지 않았다. 왜냐하면 그때까지의 경험을 통해 좋은 것은 어떤 것도 기대할 수 없다는 것을 배웠기 때문이다. 이러한 마당에 진취적 정신을 움켜

줄 이유가 있었겠는가?

반면 빈과 모스크바대학에서의 실존주의 심리학 연구는 임시적 자세라는 동시대적 특성이 근본적으로 그것의 역사적 전형과는 거리가 있다고 말한다.[28] 우리를 각성하게 만드는 놀라운 진단이 아닐 수 없다. 사람들은 오늘날 무엇이 다가오는지에 대해 두려워하기보다는 자신이 무언가를 얻지 못하거나 충분히 얻지 못한다는 사실을 두려워한다. '적더라도 좋은' 것을 기대하는 것이 아니라 '많으면서 좋은' 것을 당장 얻기를 기대하는 것이다. 그렇기 때문에 세상이 자신에게 어떤 의무가 있는지, 자신을 위해 무엇을 제공해야 하는지를 정확히 알고 있다. 또한 세상이 그것을 충분히 제공하는 경우가 극히 드물다는 것도 알고 있다.

반면에 자신 역시 세상을 위해 무언가를 준비해야 한다는 것을 알지 못한다. 엄밀히 말하면 우리만 도움이 필요한 것이 아니라, 세상도 도움이 필요하다. 매번 다른 사람들이 무언가를 해주기를 기다리는 것은 아무 의미가 없다. 그렇게 되면 좋은 일이 일어난다고 해도 아무도 행동하지 않는다. 우리를 향한 세상의 기대와 노력도 보지 못한다. 왜냐하면 '내가 어떤 의무를 이행해야 하는가?'라고 묻기보다 '왜 내가 원하는 것을 얻지 못하는가?'만 묻고 있기 때문이다.

기본적으로 사람들의 중심은 자신에게 향해 있다. 다른 모든 것은 나와 관련되거나 나의 안위와 보존을 위해 도움이 되어야 한다. 만약 나에게 이익이 없는 것이면 곧바로 세상의 가장자리로, 혹은 완전히 세상 밖으로 밀려난다. 얼핏 보면 그러한 기본 체계와 경험이 생동감 있고 풍요롭다고 생각할 수도 있다. 왜냐하면 '나'는 어떤 사건에 더 강력하고 깊이 있게 참여하기 때문이다. 하지만 임상 경험으로 보면 그 반대다. 자아가 만물을 향하는 것이 아니라 만물이 자아를 향하는 만큼 자아의 세계는 쇠약해진다. 왜냐하면 자아는 궁극적으로 세상이 아니라 자신의 욕구만을 마주하기 때문이다.

이와 관련하여 빈의 정신과 의사 루돌프 알러스Rudolf Allers는 1960년대 초에 인간의 민감한 현상학적 측면과 요구가 초래하는 치명적 결과에 대해 기술했다. 알러스가 당시의 실존적 정신의학 개념을 사용한 점이나 과잉 요구의 문제를 서술하면서 '신경증 환자'에 대해 언급한 사실은 여기서 크게 중요하지 않다. 더 중요한 사실은 자기중심주의를 작동시키는 불행한 역학이다.

> 신경증 환자에게 세상은 그저 자신의 소망을 충족시키기 위해 발견하는 하나의 기회일 뿐이지 증명하기 위한 장소는 아니다. 그들은 무언가에 몰두하면서도 그것이 진실인지는 확인하려고 하지 않는다. 사실 불가능한 일이다. 세상의 요구를 인정하면 세상을 위해 무언가를 해야 한다는 의무감을 갖기 때문이다. 그렇게 되면 자아의 우위가 중단되고, 자아의 압도적 지위는 결국 거부된다. 세상

의 요구에 응함으로써 자아를 강하게 만들 수 있는 모든 경험이 상실되는 것이다. 신경증 환자는 세상을 자신이 응답해야 하는 곳으로 여기지 않고, 자신이 원하는 대답을 해주지 않는 대상으로 여긴다. 요술거울처럼 자신의 비화된 모습, 확대된 모습을 보여주는 대신 세상은 찌푸리고 일그러진 모습을 반사한다. 그로 인해 신경증 환자는 자신을 제대로 인식하지 못하고, 세상을 비난할 뿐이다.[29]

이러한 자아의 거울에 갇힌 사람을 해방시킬 수 있을까? 무엇이 자신에 대한 지속적인 실망으로부터 벗어나게 할 수 있을까? 생동감 넘치는 현실을 더 이상 거부하지 않게 해줄 수 있는 것은 무엇일까? 무엇보다 이러한 자세는 어디에서 나오는 것일까?

인간은 과거의 산물 그 이상이다

심리학에서는 오늘날 널리 확산된 상실감의 원인뿐만 아니라 지난 몇 년 동안 우리의 인간상에 닥친 위기를 해결할 수 있는 다양한 방법들을 제시하고 있다. 우리가 왜 세상의 요구와 삶의 의미를 발견하지 못하고 자신의 요구만을 내세우는지를 이해하려는 것 또한 그중 하나다.

이러한 심리학적 연구는 어느 정도 역사적으로 접근할 수 있다. 말하자면 자기중심적 존재가 어떠한 조건에서 생겨나며 뿌리를 내리는지 발견하고자 노력하는 것이다. 일차적으로 원인에 초점을 맞춘 인과적 분석이 지닌 문제는 어떤 사람이 일방적이고 지나친 요구를 주장하는 데에 실제로 어떤 요인이 작용하는지를 알 수 없다는 것이다. 요인이 무엇인지 알기 위해서는 모든 영향

요인과 경험들을 완벽하게 살펴봐야 한다. 물론 장기적인 관점에서 볼 때 이는 사실상 불가능하다.

우리가 심리학 연구에서 어느 정도 확실한 내용들을 규명하더라도 명확성을 확보할지는 의문이다. 예를 들어 자기중심적 삶의 자세는 어렸을 때 과도할 정도로 풍족하게 자란 사람에게서 발견된다고 한다.[30] 이에 따라 이들이 원하는 것을 다른 사람들에게 받기만 하는 것이 아니라 그들도 도움이 필요하다는 사실, 어떤 기쁨은 저절로 주어지는 것이 아니라 (실패의 위험을 항상 감수하고) 자기 힘으로 완성하고 획득해야 한다는 사실을 배울 기회가 없었음을 추론하게 된다. 반면 어렸을 때 홀대를 받았던 사람들도 세상을 향해 과잉 요구를 하고, 자신의 의무를 무시하는 경향이 있다는 사실이 심리학 연구를 통해 드러난다.[31] 그래서 사람들은 자기중심적 자세가 이러한 현상 또는 충족되지 않은 것을 보충하고자 생겨난 것이라고 이해한다.

여기서 하나의 동일한 현상이 서로 상반되는 두 가지 원인을 가질 수 있다는 사실이 단순한 인생사적 요인보다 더 큰 작용을 하고 있음을 알 수 있다. 사람들의 경험과 행동의 원인을 어린 시절의 결핍이나 과도한 풍족함에 이런저런 방식으로 반응하는 '자유'에 주목하는 것이 아니라 일차적으로 그 사람의 과거에서 찾으려는 시도는 그저 제한된 것에 초점을 두는 것이다.

사람들이 유한성과 외부 환경에 지나치게 의존하는 것은 오늘날의 시대정신에 널리 퍼져 있는 '인과적 접근' 탓이다. 그릇된 세계관이나 잘못된 사고 습관이 어디에서 습득되었는지를 이해하려는 인과적 접근은 언제나 이론적일 뿐이며 실질적인 도움이 되지 않는다. 어떤 것이 어떻게 생겨나는지를 안다고 해서 그것이 무엇인지를 제대로 이해하는 것은 아니다. 그런데 어떻게 해결책을 마련할 수 있겠는가? 이는 완전히 별개의 문제다. 쉽게 말해서 우리가 친구 집으로 가다가 왜 길을 잃었는지를 이해한다고 해서 우리가 친구 집으로 가는 길을 발견할 수 있는 것은 아니다.

인과적 접근은 임상적, 학문적 관점에서만 의심스러운 것이 아니다. 사건의 본질을 말해주기보다 인과적으로 그저 자동적으로 반응할 수밖에 없다는 메시지가 주입되면, 그 순간부터 인과적 접근은 실존적 접근을 가로막는다.

이러한 정황은 때에 따라서는 상당히 모순적일 뿐만 아니라, 우리가 소위 확정적인 과거를 참작하여 이끌어내는 인과적 수단이 역으로 결과에서 원인으로 나아간다는 사실도 무시한다. 이때 동일한 요인이 그에 상응하는 결과의 원인이 되지 않은 경우도 쉽게 간과된다. 오늘날 얼마나 많은 성인들이 어렸을 때 과도한 보살핌을 받거나 홀대를 받았는가? 그리고 이러한 인생사적 사실에도 불구하고 (혹은 그것 때문에) 그들이 어떻게 주는 것과 받는 것, 기대와 충족 사이의 균형 잡힌 관계를 추구하려는 삶의 자세를 획득하였는가?

심리학자 샤를로테 뷜러Charlotte Bühler는 이와 관련하여 심리학에서 중요하게 다뤄야 하는 내용은 정신적 질환이나 취약한 감정으로 이어지는 요인들을 고려하여 인생사를 탐구하는 것만이 아니라고 보았다. 그와 같은 상황에서, 때에 따라서는 더욱 어려운 상황에서도 정신적으로 건강하고 온전하게 유지하게 만드는 자원으로서 인생사를 탐구하는 것이 중요하다는 것이다. 왜냐하면 사람은 때에 따라서는 자신이 경험한 불행을 통해 내면적으로 성장하며, 나아가 전혀 겪어보지 못한 다른 사람들의 고통에 마음을 열기 때문이다.[32]

뷜러의 방대한 연구, 그리고 프랭클의 의미치료와 실존분석 연구는 이와 관련하여 많은 영향력을 발휘했다. 인간의 유한성을 무시하거나 너무 과도한 부담을 안긴다는 비판은 이제 불필요하다. 특히 여기서 다루어지는 맥락에서는 그렇다.

사람들은 (자신에게 방해가 되지 않으며 큰 대가 없이 부족한 모든 것을 제공해줄 때만 인정하는) 세상과 삶에 대하여 과도한 요구를 한다. 세상을 향한 과도한 요구와는 달리 사람들은 자신에게는 부담을 주지 않는다. 왜냐하면 자신보다는 오히려 제3자에게 더 많은 것을 기대하기 때문이다.

여기서 정신현상을 인과관계로 설명하는 설명심리학Explanatory Psychologie의 문제와 위험은 설명 자체가 방법론적, 이론적으로 의심스러울 뿐만 아니라, 오로지 환경으로 인해 그렇게 될 수밖에 없었다는 사실을 암시적으로 말해줌으로써 수동적인 자세를 더욱 강화한다는 것이다. 이는 죽음을 앞둔 사람들이 자신의 인생을 돌이켜보며 얻는 인식과는 모순된다. 다시 말하면, 우리가 경험하고 받아들인 것이 일차적으로 중요한 것이 아니라, 우리가 이로부터 만들어내고 발산한 것이 중요하다는 것이다. "입에 들어가는 것이 사람을 더럽게 하는 것이 아니라 입에서 나오는 그것이 사람을 더럽게 하는 것이니라"(마태복음 15장 11절).

여기에는 치명적인 방법론적 왜곡이 동시에 작용한다. 수많은 심리학 연구들을 통해 우리는 사람들이 실패한 것에 대한 책임을 다른 사람이나 외부 여건, 혹은 다른 운명적 요인으로 돌리는 경향이 있다는 사실을 알게 되었다. 반면, 성공한 것에 대해서는 자기 자신에게 공을 돌린다. 잘못에 대한 책임은 다른 사람에게, 성공에 대한 공은 자신에게 돌리는 것이다.[33] 이러한 왜곡이 최소한 과거를 돌이켜볼 때 자신의 인생에 대한 책임을 떠맡는 우리의 능력을 얼마나 쇠퇴시키는지도 이해할 수 있다. 우리의 행동이 인생사나 특정한 요인들로부터 비롯된다는 인과적 설명을 그래도 따른다면 유감스럽게도 우리의 책임과 자유를 과소평가하고 우리 스스로 달성한 것보다 달성하지 못한 것에 중점을 두게 된다.

그 결과가 어떠할지는 충분히 예상할 수 있다. 우리는 자신의 기여가 가져올 결과와 가능성은 생각하지 않은 채 자신을 외부 환경의 희생자라고 여기고, 변경할 수 없는 것에 매달리게 될 것이다. 물론 과거는 실제로 이미 기술된, 더 이상 수정할 수 없는 우리 인생의 한 장章이다. 하지만 현재의 장은 과거로부터 지시받지 않는다. 그런데도 우리는 삶의 주인공이면서도 이러한 과거의 요인들이 종용하는 것과는 다른 길을 현재에 결정할 수 있다는 사실을 간과한다.

더 간단히 말하면 어떤 궁핍함이나 고통스러운 경험, 매정함을 겪었더라도 이 요인들을 현재에 어떻게 작용시킬 것인지는 우리가 직접, 그리고 현재에 결정할 수 있다는 것이다. 물론 그 전제 조건은 우리가 그 결정을 할 수 있다고 믿는 것이다.

현재는 열린 공간이다

현재는 우리의 삶의 역사를 함께 써나가는 장소다. 물론 우리가 영향을 미칠 수 없는 운명적 요인들도 존재한다. 그렇기 때문에 현재는 제한성의 산물일 뿐만 아니라 결정의 산물이다. 또한 현재는 제한성에 얼마나 많은 비중을 허용할지에 따른 결정의 산물이기도 하다. 그러므로 인과적 접근의 근본적 오류는 '기브 앤 테이크Give and Take'의 관계를 직선적으로 묘사함으로써 우리로 하여금 인생의 페이지에 함께 그림을 그릴 수 있는 권리를 놓치게 하는 데 있다. 이로 말미암아 세상에 대한 우리의 기여가 요구됨에도 그에 대한 책임을 외면하게 된다.

몇 가지 구체적인 예를 들어 설명해보자. 우리가 미움이나 사랑을 받을 때 그 순간 누군가 우리를 미워했거나 사랑했다는 것은 사실이다. 하지만 이 사실만으로 우리가 반드시 미워하는 사람이나 사랑하는 사람이 되는 것은 아니다. 우리는 이 두 가지 경우에 무관심할 수도, 전혀 반응하지 않을 수도 있다. 또는 미움에는 친절함으로, 사랑에는 거부로 맞설 수도 있다. 하지만 어떻게 행동하든지 간에 우리가 받은 미움이나 사랑이 우리를 미워하는 사람이나 사랑하는 사람으로 만드는 것이 아니다. 우리의 결정이 그렇게 만드는 것이다.

이 결정은 우리가 과거에 미움이나 사랑을 받았다는 단순한 사실보다 우리의 정체성에 더 강력한 영향을 미친다. 우리에게 일어난 사건이 아니라 우리의 결정이 우리의 모습을 만든다. 우리는 다른 사람이 우리에게 어떻게 행동할지를 선택할 수 없다. 더 일반적으로 이야기하면 운명이 우리에게 무엇을 쥐여줄지를 선택할 수 없다. 하지만 우리가 무엇을 발산할지를 결정할 수는 있다. 우리의 기여, 바로 이것이 중요하다.

우리는 이 사실을 다양한 분야와 수많은 사례에서 확인할 수 있다. 즉, 우리에게 일어나는 일과 우리가 세상으로 발산하는 것 사이에 모든 것을 결정할 수 있는 선택과 자유의 순간이 존재한다. 빼앗긴 것과 선물받은 것, 기만당한 것과 지지받은 것, 이 모든 것은 경험이다. 하지만 이 경험이 우리의 모습을 만들지 않는다. 또한 경험은 어떤 행위를 하지 않는다. 인간이 반응도 하고 행동도 한다. 인간은 인과 사슬의 맨 마지막에서 수동적으로 받아들이는 존재이기도 하면서, 시작 지점에 서 있기도 하다. 그리고 자신의 결정과 행동이 가져올 모든 예측을 제쳐두고 예기치 못한 것을 세상에 내놓을 수도 있다. 또한 인간은 자신이 부정적으로 받아들인 것을 '정상적인 환경'에서 계속 마주칠 수 있지만 또 다른 고통의 연쇄반응을 작동시킬 수 있는 장소에서 멈추게 할 수도 있다. 인간은 보다 성숙하고 의식적인 결정을 내림으로써 이기적인 행동으로부터, 영원히 지속되는 고통으로부터 벗어날 수 있다. 이렇게 인간은 첫걸음을 내디뎌서 좋은 것을 발산할 수 있는 존재다.

이와 관련하여 빅터 프랭클은 자신이 수용소에서 나온 직후에 쓴 희곡 《비르켄발트를 위한 레퀴엠Synchronisation in Birkenwald》에서 인상 깊은 장면을 그려냈다. 배경은 비르켄발트에 있는 가상의 수용소다. 수용소 가건물에서 파울과 프란츠라는 형제가 종말에 대해 이야기를 나누고 있다. 형제는 이상할 정도로 활기찼고 정신도 또렷했다. 이렇게 또렷한 정신은 가망 없는 상황에서 갑자기 엄청난 생명력과 인지 능력을 갖게 된 사람들한테서 종종 관찰될 수 있다. 파울은 대화를 하면서 기대치 않게 수용소에서 해방되면 자신이 무엇을 하게 될지를 머릿속에 생생하게 그린다. 그는 자신과 주변인들에게 고통을 준 사람들에게 똑같이 복수하겠다고 생각한다. '눈에는 눈, 이에는 이'(출애굽기 21장 24절)로 되갚는다는 것이다.

반면, 프란츠의 반응은 매우 놀라웠다.

“파울, 네가 성경을 잘못 이해하고 있다고는 생각 안 해? 하나만 묻자. 하느님이 인류 최초의 살인자였던 카인에게 왜 ‘카인의 표적’을 찍어주었다고 생각해?”

“뻔하지 않아? 카인이 살인자라는 것을 사람들이 바로 알아보게 하려는 거지. 그를 조심하라고…”

“틀렸어! 카인에게 아무 일도 없게 하려고 주신 거야. 카인이 하느님한테 받은 벌 이상의 벌을 사람들이 주지 못하도록, 그리고 카인을 평온하게 내버려두기 위해서야. 만약 그렇지 않았다면 어떤 일이 벌어졌을지 한번 생각해봐. 살인이 계속 이어졌을 거야. 불의는 또 다른 불의를 낳을 뿐이지. 사람들이 계속해서 똑같은 식으로 보복 행위를 했다면 말이야. 그래서는 안 돼! 이제는 정말로 악의 사슬이 끊어져야 해! 불의에는 불의로, 증오에는 증오로, 폭력에는 폭력으로? 그렇게 갚아서는 안 돼! 파울, 이 사슬을 이제는 끊어야 해.”[34]

여기서 사람들은 반론을 제시할 수도 있다. 즉, 프란츠의 생각이나 행동은 다분히 영웅적이고, 실제 일상에서는 심리적 모범으로 적절하지 않다고 말이다. 하지만 우리는 이 반론과 정면으로 마주해야 한다. 이것이 모범이 되지 않는다면 어떤 것이 모범이 될까? 역사는 일회적이라는 점을 고려해서 그러한 삶의 자세를 받아들인다면, 크고 작은 상처를 받을 때마다 더 높은 수위로 불평하거나 가까운 사람들에게(혹은 삶에) 똑같은 행위로 보복하려고 한다면 어떻게 되겠는가? 다시 말해서 우리 자신이 아니면 누가 끊임없이 반복되는 이 악순환을 끊을 수 있겠는가? 우리 자신이 아니면 누가 선과 치유, 사랑, 격려의 연쇄반응을 시작할 수 있겠는가?

4장

삶의 한가운데 존재하는 자유

고통과 냉혹함이 항상 최종결정권을 갖는 것은 아니다.
과거의 경험이 그 사람의 현재에 어떤 영향력을 미치는지는
아직 확정되지 않았으며, 충분히 협상 가능하다.
현재는 제한성의 장소일 뿐만 아니라 자유의 장소이기도 하다.

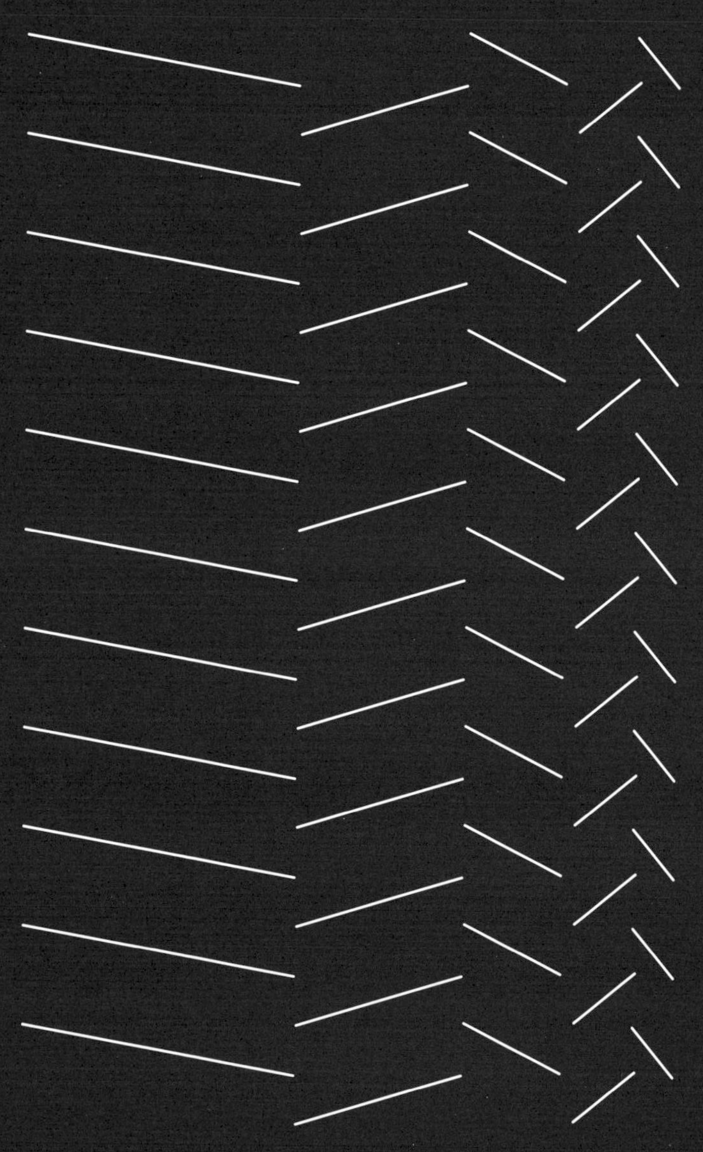

감정 표출로 모든 게 해소될까

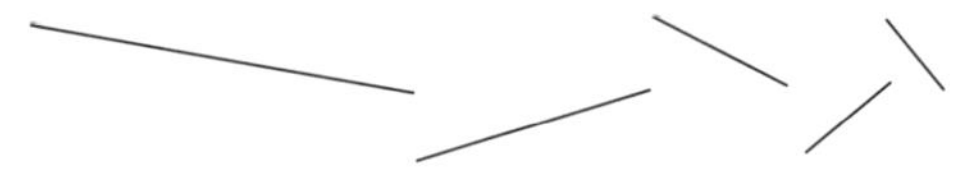

우리는 앞에서 빅터 프랭클이 제기한 가능성, 즉 인간에게는 자신이 받은 것에 반응하고 그것을 자유롭게 사용할 수 있는 선택권이 있다는 것을 간단히 살펴보았다. 여기서 중요한 것은 자신이 받아들인 것을 가지고 무엇을 만들어내느냐다.

그런 반면 우리는 즉각적인 원초적 반응을 억누르고 '공격성을 숨긴 채' 세상에 좋은 것만을 발산하기 위해 애쓰는 것이 심리적으로 건강하지 않다는 이야기도 반복해서 듣고 있다. 사실, 지난 세기 대중심리학에서는 줄곧 나쁜 감정은 담아두지 않고 버리거나 표출해야 한다고 말해왔다. 예를 들어 공격성을 마음껏 표현하고 해소시키면 우울증을 예방할 수 있다는 것이다. 내면을 향한 억압된 공격성이 우울증이라고 보기 때문이다. 이러한 견해는 처음에 아주 그럴듯하게 들린다. 하지만 이렇게 만들어지는 자아상과 인간상이 오히려 더 위험하다. 오늘날 우리는 이 단순한 구조의 오류를 알고 있다. 어떤 이유로 생겨났든 증오와 좌절감을 마음에 품고 이에 상응하는 신호를 외부로 내보내는 사람은 자신의 주변에 고통과 냉담함만을 유발한다. 부정적인 삶의 자세를 더 강화시키는 반응들을 불러일으키는 것은 당연하고, 장기간에 걸쳐 자신의 내면세계를 병들게도 한다. 자신이 표출하는 것으로 자신을 해치는 것이다. 심리학 연구에서 밝힌 것처럼 이런 현상은 자신의 감정을 자제하지 않고 마음껏 표출해야 한다고, 혹은 표출할 수 있다고 믿기 때문에 생겨난다.

예를 들어 실험실에서 피험자들에게 모욕을 경험하게 한 다음 자신의 감정(주로 공격성)을 마음껏 표출할 기회를 준다고 하자. 그리고 자신의 좌절감과 공격성을 해소할 시간을 충분히 가졌다는 생각이 스스로 들 때 멈추라고 요구한다. 그러면 피험자들은 모욕을 당한 후 공격성을 '해소'[35]할 기회가 주어지지 않은 대조집단에 비해 전혀 무관한 사람에게 더욱 공격적으로 행동한다. 이 실험을 통해 나타난 결과는 공격성의 해소가 평화와 안정을 향한 내면의 갈망을 가라앉히기보다는 공격적 욕구를 돋운다는 것이다.

피험자들 중 한쪽 그룹에 화를 풀고 자신의 공격성을 마음껏 표출하는 것이 심리적으로 건강할 거라고 사전에 말해주었다.

그들은 이러한 내용을 듣지 못한 그룹에 비해 감정 정화 이후에 더욱 공격적인 면모를 보였다. 이 사실을 주목해야 한다. 화를 해소하는 것이 도움이 된다는 암시도 부정적 감정이 격해지는 악순환을 끊을 수 없다. 오히려 공격성을 강화시킨다. 우리는 부정적 감정을 억누르지 말라는 조언이 실험실 밖에서 얼마나 치명적인지 어렵지 않게 상상해볼 수 있다. 자기통제가 되지 않는 상황이 주어지고 실험자의 지시 없이 공격성이 억제되지 않고 강하게 표출된다면 전혀 상관없는 제3자도 희생자가 될 것이다.

이것이 명백하게 그릇된 길이라면 이제 대안을 찾아야 한다. 아마도 몇몇 독자들은 이쯤에서 우리가 잘못 접근하고 있다는 의심을 가질 것이다. 대안을 찾겠다는 마음이 확고해지려면 우선적으로 우리의 결정과 행동이 가져올 결과에 대해 책임감을 가져야 한다. 그리고 공동체의 행복과 긍정적 삶의 자세에 관심을 가지고 보다 건설적인 대안을 찾는 것이 의미 있다고 생각해야 한다. 또한 우리의 기여가 이 세상과 우리의 삶을 위해 얼마나 중요한 것인지 인식해야 한다.

이러한 인식이 삶의 마지막에만 나타나는 것은 아니다. 이성적 사고와 직감과 더불어 철학적 전통에서는 '양심'으로 나타나고, 사람들의 입으로 전해지는 말로는 '마음의 지혜'라고 불리는 것이 우리 안에서 이야기하고 있다. 그것을 귀담아들을 수 있다면 이미 충분하다. 이 목소리에 귀를 기울이는 것이 어떤 효과를 나타낼지, 얼마나 유익할지 말해주고 싶다. 이 목소리에 귀를 기울이면 정신적·영적으로 이어지는 길이 보인다. 빅터 프랭클의 말처럼 "비극을 승리로 바꾸는" 인간의 기적적인 능력을 보게 될 것이다. 그리고 자기 자신뿐만 아니라 삶에 대한 승리감까지 충분히 맛볼 수 있을 것이다.

나쁜 것을 좋은 것으로 덮을 수 있다

40대의 젊은 심리학자 이야기를 여기에 소개하겠다. 그는 '브로큰 홈즈Broken Homes'라는 보육원을 세우고 위탁된 아이들의 수용과 후원 사업, 교육 등을 위해 효과가 탁월한 보육 방법을 구상하고 발전시켜 국가로부터 표창을 받았다. 한 세미나에서 동료들이 그에게 어떤 성과가 있는지 설명해달라는 부탁을 했다. 사람들은 그가 틀림없이 개인의 사회적 참여의 필요성에 대해, 책임과 의무에 대해, 잘 성장한 아이들을 통해 그가 느꼈을 행복, 심리학자로서 전문 지식을 도움이 필요한 아이들을 위해 활용할 때의 보람 등에 대해 이야기할 것이라고 기대했다. 하지만 그는 완전히 다른 이야기를 했다. 부모에게 성폭력과 학대, 방치를 당한 아이들이 나중에 자신의 아이들에게도 똑같이 행동할 확률이

높다는 이야기를 먼저 꺼냈다.[36]

실제로 이 연관성이 압도적이지는 않지만 단순한 우연의 일치라고 하기에는 무수한 연구에서 언급되고 있다. 이렇게 전이가 되는 메커니즘에 대해서는 아직 명확히 해명되지 않고 있다. 아마도 모델 학습과 애착 형성이 중요한 역할을 할 것이다. 이와 함께 자라면서 긍정적이고 고무적인 애착과 감정이입 능력, 충동 제어의 신경 상관물Neural Correlates이 생성될 수 있는 자극의 결핍도 중요한 역할을 한다.[37]

처음에는 그 젊은 심리학자가 의도한 바가 무엇인지 제대로 이해되지 않았다. 왜 처음부터 그런 이야기를 꺼냈을까? 그는 제대로 보호받으며 성장하지 못한 자신의 어린 시절에 대해 이야기했다. 극도로 폭력적인 알코올중독자 아버지와 병적 우울증을 앓으면서도 충분한 치료를 받지 못한 어머니 사이에서 그는 세 형제 중 막내로 태어났다. 그는 아동기와 청소년기를 보내는 동안 가족들의 공격, 실망, 불안, 변덕 등을 모두 받아내야 하는 피뢰침 같은 존재였다. 동네와 학교에서도 친구나 대화 상대가 되어줄 만한 사람을 찾지 못했고, '반사회적 가정'의 아이라는 낙인이 찍혔다. 세 형제 중 둘(한 명은 그 자신)이 고등학교를 졸업할 수 있었던 것은 오직 할아버지의 충고와 권유 덕분이었다.

어느 날 그는 슈퍼마켓에서 장을 보다가 우연히 대중심리학 잡지의 표지를 보게 되었다. 잡지에 '브로큰 홈즈' 보육원의 활약과 성과에 대한 기사가 실려 있었다. 그는 잡지를 사서 집으로 돌아오는 길에 기사를 읽었다. 기사를 읽는 내내 자신의 불행했던 어린 시절이 떠올랐고, 처음으로 그 사실을 인정하게 되었다. 다시 떠오른 고통스러운 기억이 그의 마음을 요동치게 만들었다. 기사에서 중점으로 논의한 것은 앞에서 말한 고통의 경험과 전이의 연관성이었다. 그를 가장 불안하게 만든 것은 전이된 고통이었다. 즉, 자신이 경험한 것과 유사한 고통을 자신의 (당시에는 아직 태어나지 않은) 아이들에게 그대로 전이할 위험이 존재할까? 그 아이들도 이 암울한 유전자를 또다시 그들의 아이들에게 전달하게 될까? 결핍된 사랑이 연쇄반응처럼 끊임없이 전달될까?

몇 주 후 그는 이러한 고통의 사슬을 끊어야겠다고 마음을 굳혔다. 자신부터 무책임한 행동을 줄여야겠다고 마음먹었다. 그래서 원래 기계설비 분야에서 일했지만 진로를 바꿔 심리학을 공부하기로 결정하고 아동 및 청소년 보육을 전공했다. 몇 년이 흐른 후 그는 그즈음 파산한 '브로큰 홈즈' 보육원을 인수하여 성공적으로 운영하기에 이르렀다.

그는 잠시 말을 멈추었다가 다시 이야기했다.

"그래도 저에게는 좋은 점도 있었어요. 저와 함께 공부한 동기들은 상상하기 어려운 내용을 머릿속에 애써 그려보고 책을 통해 공부해야 했어요. 브로큰 홈즈의 아이들이 잠을 자러 갈 때 얼마나 불안한 마음이었을지, 다음 날 아침에 또다시 그다음 날을 불안하게 바라보는 아이들의 마음에 어떤 일이 일어나는지를 말이에요. 또 제 동기들은 아이들을 상담하거나 치료할 때 그 아이들에게 필요한 것이 무엇인지 많은 생각을 해야 했어요. 또 그 아이들을 부모에게 계속 맡기는 것이 부당하다는 것을 청소년 관청에 신고할 때도 그들을 설득하기 위해 끊임없이 공부해야 했어요. 하지만 저는 그 모든 것을 이미 알고 있었죠. 공부를 통해서뿐만 아니라 제 경험을 통해서요. 그 당시에 제게 필요했던 것, 그리고 지금 이 아이들에게 절실하게 필요한 것이 무엇인지도 알고 있었죠."

그는 어린 시절 겪은 가장 힘들었던 일이 나오는 악몽을 밤마다 꾸었다. 그런데 수리를 마친 보육원의 열쇠를 넘겨받던 날 갑자기 이 악몽이 중단되었다. 그리고 어린 시절의 상처가 치유되기 시작했다.

그가 고통의 사슬을 끊고 새롭게 호의적인 인과 사슬을 시작할 수 있었던 힘은 무엇 때문일까? 혹은 누구의 덕분일까? 그의 인생에서 어떤 특별한 요인을 발견하지는 못할 것이다. 유일하게 그의 할아버지가 그런 역할을 한 것처럼 보일 수도 있다. 하지만 그의 할아버지는 우울증을 앓는 딸의 집을 멀리했고, 딸의 가족이 전부 '비사회적 실패자'가 되는 것을 '수치스럽게' 생각해서 손자들에게 고등학교에 가라고 권유했을 뿐이다. 이러한 과거에서 어떤 긍정적인 요인을 찾을 수 있을까? 사람들은 그가 자신의 행복에만 관심 갖지 않고 자신과 같은 고통을 겪는 아이들에 대한 책임을 떠맡은 무수한 원인들을 헤아려볼 것이다.

왜 우리는 그 대답을 다방면으로 찾아야 할까? 그는 자신을 그러한 길로 나아가게 한 힘이 어디에서 나왔는지 직접 이야기했다. 그의 행동은 과거에 벌어진 일이 아닌, 미래에 일어날 일에 대한 책임에 의해 결정된 것이다. 그는 이러한 책임 속에서 의무를 인식했다. 즉, 과거에 자신에게 주어진 것이 답습되게 해서는 안 된다는 의무다. 이러한 인식은 자신의 아이들과 그 아이들의 아이들의 미래를 위한 걱정과 배려였다. 이로부터 아이들에게 직간접적인 고통을 가하지 않겠다는 자신과의 약속과 기대가 생겨났다. 인과적 접근으로는 절대 예측할 수 없는 사실이다. 이는 다른 사람들, 즉 그를 '만물의 법칙'으로부터 벗어나게 한 사람들, 그가 겪은 고통을 넘어서게 만든 사람들에 대한 책임과 관심이었다. 우리의 삶은 결코 우리 자신만이 아니라 다른 사람들의 운명과 행복에도 끊임없이 영향을 미치는 것이다.

한 사람의 결정이 가져오는 놀라운 결과

그의 결정이 가져온 결과들(눈에 보이든, 눈에 보이지 않든)을 전체적인 영향력의 관점에서 보면 더욱 주목할 만하다. 그는 고통이 전이되는 것을 막았을 뿐만 아니라, 자신과도 내면적 화해를 하고 삶의 에너지를 발견했다. 물론 이것이 그의 결정의 주된 이유는 아니었을 것이다. 지금까지 그를 따라다녔던 결핍을 메우는 데 유익하게 작용한 것은 그가 직접 발산하기로 결정한, 미래에 대한 기대와 가능성이었다. 그 결과 그는 보육원 아이들이 그들의 과거로 인해 비뚤어진 길로 나아가지 않도록 지켜주었다.

의미 지향적이고 책임 있는 결정은 인과성을 끊어버릴 수 있다. 이 사실은 그가 자신의 결정으로 현재와 미래뿐만 아니라 과거까지 변화시켰다는 것에서도 드러난다. 돌이켜보면 그는 부모와 형제들의 삶과는 전혀 다른 인생을 살았다. 모든 일이 단순한 인과성의 법칙에 따라 일어난다면 그 또한 '예상대로' 알코올중독자이자 폭력적인 아버지가 될 수밖에 없다. 그러나 그는 과거에 대한 책임을 부모에게 돌리지 않았고, 과거를 돌이켜보면서 부정적 요소를 가능성으로 변화시켰다. 보육원 아이들에 대해서도 마찬가지로 생각했다. 왜냐하면 부정적 연쇄반응의 고통에 마침표를 찍고 긍정적인 연쇄반응을 시작하기로 결정했기 때문이다. 현재는 운명의 협상 장소다. 이곳에서 우리는 협상가가 되기도 하고, 활발한 삶의 동맹자가 되기도 하고, 혹은 적이 되기도 한다. 현재에 대한 선택과 책임을 갖는 것이다.

물론 이상적으로만 생각해서는 안 된다. 인생에는 상상하는 것보다 훨씬 더 많은 고통과 냉혹함이 존재한다. 이러한 경험의 기억은 미래에도 그를 따라다니며, 쉽게 협상할 수 없는 부분이기도 하다. 그렇지만 고통과 냉혹함이 항상 최종결정권을 갖는 것은 아니다. 과거의 경험이 현재에 어떤 영향력을 미치는지는 아직 확정되지 않았으며, 충분히 협상 가능하다.

현재는 제한성의 장소일 뿐만 아니라 자유로운 결정의 장소다. 현재의 그는 아이들을 위해 부정적 운명을 끊어내는 가능성을 모색했다. 그렇게 하도록 만든 것은 과거가 아닌 미래를 향한 시각이며, 이러한 방식으로 미래를 꾸려나가려는 현재의 결정이다.

우리의 과거, 그리고 아직 쓰이지 않은 인생에 대해 현재의 제한성이 어떤 영향을 끼칠지 우리가 직접 협상하고 결정할 수 있다. 우리는 현재에 우리의 과거를 만난다. 이 만남이 어떤 양상이 되는지는 현재 우리의 결정에 달려 있다. 그런데도 끝없는 불평과 자기연민, 증오, 원망, 거부감을 계속 마음에 품고 있다면 과연 우리가 겪은 고통을 끊어내거나 치유할 수 있을까?

물론 지금까지 견딜 수 없는 고통을 준 세상에 대한 믿음과 희망을 잃어버렸을 수도 있다. 충분히 이해된다. 하지만 믿음과 희망의 상실이 충분히 그럴 만하며 정당하거나 옳다는 것은 아니다. 또 우리의 책임이 면제된다는 것을 의미하지도 않는다. 그럼에도 불구하고 우리는 매 순간 우리의 최선을 다해야 한다.

감정을 발산하고 해소하는 일은 심리적으로나 실존적으로 계획되는 것이 아니다. 과거의 고통 때문에 더 가치 있고 유익한 경험들이 우리를 기다리고 있다는 가능성을 받아들이지 않는 사람이 있다. 그들은 지금까지 경험한 것보다 훨씬 다채롭고 멋진 현실을 거부하는 것이다. 그들은 자신에게도 마음을 닫음으로써 경험하고 행동하는 사람이 되지 못한다. 자신이 경험한 것과 선하고 유익하고 의미 있는 것 사이에 조화로운 관계를 형성해줄 수 있는 다양한 경험과 행동을 자신의 삶으로 유입시킬 수 있는 기회를 스스로 배척하는 것이다. 말하자면 그들은 지금까지 자신에게 너무 많은 것을 요구해온 세상을 적대적이고 나쁜 곳이라고 확신한다. 그 결과 결핍과 체념 속에서 아무도 원하지 않는 자기만의 '고향'을 스스로 만들어낸다.

안타까운 일이지만 가치 있고 선한 것에 대한 믿음을 상실하는 것은 매우 유혹적이다. 좋은 것을 외면하거나 스스로에게 기대하지 않는 사람은 좋은 것을 세상에 발산하려는 노력조차 하지 않는다. 이러한 방정식은 방어기제에서 나온 것인지도 모른다. 어차피 좋은 것을 기대하지 않는 사람은 더 이상 실망할 것도 없다. 하지만 그런 잘못된 확신과 믿음을 정당화하기에는 대가가 너무 크다. 왜냐하면 더 이상 좋은 것을 기대하지 않는 사람은 자신의 삶이 어둠이 아니라 빛이 될 수 있는 모든 가능성조차 거부하기 때문이다.

자신의 삶에 빛을 들어오게 하기 위해서는 삶이라는 건물의 모든 창문과 문을 활짝 열어두어야 한다. 그리고 빛이 밖에서 들어오기를 기다릴 뿐만 아니라, 빛이 들어오도록 행동을 개시하고 직접 빛을 끌어당겨야 한다. 앞에서 말한 젊은 심리학자처럼 자신을 위해서가 아니라 다른 사람을 위해서 말이다. 우리가 그렇게 할 수 있다는 사실은 여러 임상 경험과 심리학 연구, 사례들이 입증하고 있다. 그렇게 해야 마땅하다. 이것은 우리의 마음이나 양심의 목소리를 통해서도 줄곧 전달되고 있다. 이 세상은 지금도 여전히 도움을 필요로 하며 우리의 기여를 기다리고 있다. 그리고 취약하고 비극적인 삶의 단면을 경험한 사람보다 이 사실을 더 잘 알고 있는 사람은 없다.

이와 관련하여 또 다른 사례를 보자. 1930년대에 젊은 빅터 프랭클이 청소년 상담 전문의로 일할 때 이야기다. 그 당시는 경제위기에 직면하여 청년 실업률이 매우 높았다. 많은 청년 실업자들이 우울증과 알코올중독, 무의미한 폭력에 빠져들었다. 그들의 일상에는 의미가 부재했고, 이러한 진공 상태에서 (임시적 삶의 자세의 결과로) 위태로운 현상들이 무성하게 생겨났다. 그 당시에 프랭클은 의미치료 요법을 창안했다. 말하자면 아무 의미 없다고 여겨지는 상황, 변할 수 없다고 여겨지는 상황, 고통과 절망이 끝나는 곳에서 우리의 가능성과 자유가 시작된다는 내용이다. 상담사이자 심리분석가인 프랭클이 사회적 상황을 직접적으로 변화시킬 수는 없었다. 하지만 실업자에게 주어진 뜻하지 않은 자유를 어떻게 사용할지는 협상 가능한 부분이었다. 그래서 프랭클은 청년 실업자들이 가진 자유와 책임에 호소했다. 그리고 실제로 몇몇은 뜻하지 않게 획득한 그들의 자유를 사용하기 시작했다. 어떤 청년은 영어를 배웠고, 어떤 청년은 무료 급식 시설에서 봉사를 했으며, 또 다른 청년은 유대인 묘지의 비석을 관리하는 일을 했다. 이러한 가치 있는 과업을 수행함으로써 적어도 실업으로 인한 심리적 압박들을 떨쳐낼 수 있었다.

그들은 배고픔을 참아가며 여러 곳에서 일을 하고 있다. 예를 들면 서점에서 자원봉사로 일을 하거나 시민대학에서 서류 정리

> 를 한다. 그들은 일과 아이디어로, 더 나은 시대와 실업 문제가 해결될 수 있는 새로운 세계에 헌신하며 충만함을 느낀다. 넘쳐날 정도로 존재하는 그들의 자유는 유익한 활동으로 가득 차 있다. 나는 사람들이 이 젊은 세대를 과소평가하고 있다고 생각한다. 그들이 고통을 견딜 수 있는 능력(몇몇 청년들은 이러한 모든 상황에도 불구하고 밝은 얼굴을 하고 있다.), 그들의 수행 능력을 말이다.[38]

청년 실업자들은 여전히 굶주려 있고, 여전히 경제적 궁핍 상태에 있었다. 하지만 '실업 상태에 있다는 것은 쓸모없고 의미 없는 삶을 사는 것이다.'라는 실존적 부담은 어깨에서 내려놓았다. 그들은 다시 번성했고 삶에 관심을 가지고 참여했다. 삶에는 언제나 크고 작은 자유가 있다. 이 공간에서 절대 변경할 수 없다고 생각했던 조건은 더 이상 그들의 한계가 되지 않는다. 이 공간에서 모두가 자신의 모습을 만들어나갈 수 있다. 때로는 더 크게, 때로는 더 작게, 하지만 항상 유일하고 독자적인 자신의 모습을 표현할 수 있다. 이를 위한 전제 조건은 모든 여건이 이상적이지 못할 때라도 삶은 의미와 가능성이 있음을 기억하는 것이다.

사람들은 또다시 반론을 제기할 것이다. 이러한 접근이 어떤 경우에는 우리에게 너무 많은 것을 요구한다고 말이다. 적절한 반론이다. 그러나 중요한 것은 나쁜 것에서 좋은 것으로의 방향 전환이 쉬운지, 그렇지 않은지가 아니다. 방향 전환이 과연 달성

될 수 있는지, 즉 가능성의 영역에 있는지가 중요하다. 앞에서 언급된, 그리고 언급되지 않은 다른 많은 사례들이 보여주듯이 의미 있고 선한 일은 체념, 포기, 지속적인 자기연민이 아무리 유혹해도 결코 도달하지 못하는 영역에서 치유의 빛을 발산한다.

그렇다면 무엇이 대안이 되어야 하는지를 자문해봐야 한다. 자신이 경험한 결핍이, 아니면 우리가 거부하면서도 간절히 바라는 선한 것이 우리의 경험과 행동을 규정하도록 허용해야 할까? 여기서 중요한 것은 결정하는 것이다. 그리고 현재에 결정을 내리게 하는 많은 가능성이 중요하다.

요약하자면, 현재는 미래가 지닌 가능성처럼 활짝 열려 있으며, 우리는 오늘 그 가능성을 얻기 위해 우리 자신의 양심과 싸우고 있다. '미래가 지닌 가능성'에 대해 이야기한다는 것은, 더 이상 변경할 수 없는 운명이 아니라 특정한 운명적 상황에서 우리가 할 수 있는 기여와 가능성에 대해 말한다는 것이다. 가능성은 우리가 지금 받아들이거나 이미 받아들인 것, 혹은 받기를 기대하는 것만을 말하지 않는다. 우리가 발산하는 것 자체가 가능성이다. 근본적인 의미에서 볼 때 우리가 발산한 것만이 우리의 것이기 때문이다. 우리의 것은 우리가 자유자재로 사용할 수 있다. 이러한 것을 실현할 수 있는 곳이야말로 자유와 책임의 장소, 삶과 연대를 맺을 수 있는 장소다.

우리가 의존해온 것

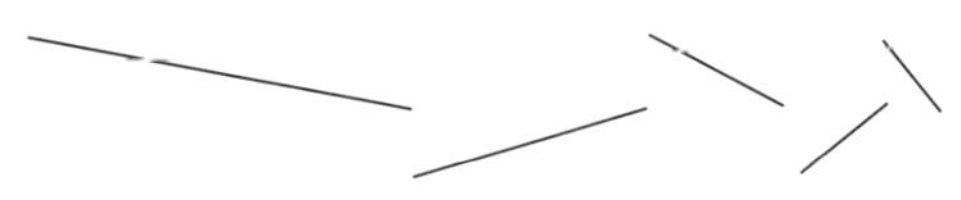

앞에서 언급한 젊은 심리학자가 과거의 사슬을 과감히 끊어낸 것과 달리 그와 대립을 이루는 의존의 신화가 오늘날 우리 안에 널리 퍼져 있다. 대중심리학에 의해 유포된 결정론적 서술을 보면, 사람은 받은 만큼만 사랑할 수 있고 받은 만큼만 건설적이고 좋은 것을 발산할 수 있다고 한다. 자신이 친절한 대우를 받은 만큼만 남에게 친절할 수 있으며, 다른 사람들이 나와의 행복한 관계를 위해 폭력성을 억누르거나 포기하는 만큼만 나도 다른 사람들을 위해 포기하거나 노력할 수 있다는 것이다.

이러한 이론은 직접 받은 것만을 발산하고 전달할 수 있다는 의존의 신화를 다시 소생시킨다. 만약 과거의 사슬을 끊은 젊은 심리학자와 같은 사례들이 나타나 이러한 신화와 대립되지 않았다면 어떻게 됐을까? 사람들은 아마도 의존의 신화가 지속되도록 인풋input과 아웃풋output이 양적으로 동등하게 나타난다고 완강하게 믿고 그것이 우리의 운명과 행동을 결정한다는 단순한 공식을 받아들일 것이다.

대부분 사람들은 자신에게 친절하게 행동하는 사람에게 자신도 친절할 수 있다는 사실에 대해 의문의 여지가 없을 것이다. 하지만 이것 또한 심리학적 근거가 없는 사상적 비약이다. 이 사상으로부터 우리의 행동이 선행적 자극의 작용일 뿐이라는 결론이 도출된다. 이 공식은 사물의 물리학 메커니즘을 인간의 심리학에 그대로 적용하는 것이며, 오로지 이런 관점으로만 심리학이 현실에 상당히 객관적으로 접근할 수 있다는 사실을 암시한다. 이러한 결정론에 부합하지 않는 모든 것은 '특수한 경우'로 분류된다. 마치 현실이 개별적이고 특수한 경우를 제외한 다른 것으로 구성되어 있다는 듯이 말이다. 영웅적이고 훌륭한 예외를 모범으로 삼아야 한다는 호소가 바로 그 영웅적이고 훌륭한 예외로부터 나온 것이 아니라고 말하는 것이다.

여기서 또다시 문제가 되는 것은 다음과 같다. 영웅적이고 특수한 경우로 치부하는 '가치 있는 모범'을 우리의 현실에서 추방하면, 그렇게 행동할 수 있다는 우리의 자신감만 과소평가하는 아니라 자유를 사용하려는 노력, 외부 환경적 조건에 대한 반응과 운명을 이겨내려는 우리의 의지까지도 파괴한다. 물론 결정론적 주입이 좋은 의도로 작용하는 경우도 종종 있다. 때에 따라서는 과도한(응당한 혹은 부당한) 죄책감과 자책으로부터 정신적인 부담을 덜어주기도 한다. 또한 그러한 죄책감과 자책이 오랫동안 지속되지 않게 만든다.

어쨌든 우리로서는 어쩔 수 없다는 생각을 계속 주입받으면 당연히 아무런 노력조차 하지 않을 거라는 개연성을 증대시킨다. 그럼에도 어떤 노력을 하는 사람은 영원히 특수한 경우로 남게 될 것이다.

문제는 이것이 특수한 경우라는 것이 아니라, 그렇게 특수한 경우가 되도록 우리가 한몫했다는 것이다. 심리학은 특정한 이론적 관점에서 결과에 따라 불가피하게 나타나는 특정한 경험 및 행동방식을 강화시킨다. 하지만 실제로 우리의 행동은 이론이나 그 추종자가 '허락'하는 것보다 훨씬 더 협상이 가능하다.

사랑은 물리적 법칙을 따르지 않는다

근본적으로 우리가 받은 것만큼만 돌려줄 수 있다는 학설은 원칙적으로 (의심스러운) 인간의 기계화에 근거하고 있다. 인간의 기계화는 초자연적이면서도 의식적인 인간 존재의 자기 기여를 간과한다. 또한 전적으로 인간만이 그릴 수 있는 이상주의를 외면하며, 우리를 제한하는 것을 능가하려는 의지(필요한 경우 우리 자신을 뛰어넘을 수 있는 능력)도 외면한다.

인간의 기계화는 생명 없는 자연을 모범으로 삼는데, 이곳에서는 실제로 연쇄반응 이상의 것은 발견되지 않는다. 말하자면 인풋이 그대로 아웃풋으로 이어진다. 이미 물리학의 에너지보존 법칙이 우리에게 말해주듯 아웃풋은 인풋보다 더 높을 수 없기 때문에, 우리가 출발 조건과 전제 조건을 충분히 알고 있다면 그

과정 역시 놀랍지 않다. 이 법칙은 도처에서 적용된다. 에너지는 물체로부터 방출되거나 전달되는 것이지 물체에서 생겨나는 것이 아니다. 영구기관Perpetuum Mobil(한 번의 동력 제공으로 영원히 작동하는 기관—옮긴이주) 역시 불가능하다. 에너지를 생산하고 기존에 공급받은 에너지를 전달하거나 변화시키는 기계를 설계하는 것은 열역학 제2법칙에 위배된다. 그러한 기계는 물리학적으로 사실상 배제되어야 한다.

이것은 우리의 일상을 통해 더욱 직접적으로 간단히 증명된다. 어떤 양상이든지 물리적 자원은 실제로 제한적이며 유한하다. 우리는 자신이 가진 만큼 자원을 제공하거나 소비할 수 있지만, 조만간 우리의 자원은 고갈될 것이다. 쉽게 말해 우리의 재산을 도움이 필요한 사람들과 공유하면 그만큼 재산이 줄어들 것이다. 음식과 물, 옷에도 똑같은 원칙이 적용된다. 다른 모든 물리적 자원들도 우리가 받은 것만큼 제공할 수 있을 뿐이지, 그 이상은 제공하지 못한다. 우리가 받은 것들은 많든 적든 항상 제한적이다. 이러한 맥락에서 다음과 같은 공식이 적용된다. "인풋은 아웃풋보다 클 수 없다." 이 공식은 충분히 타당성이 있다.

하지만 이 공식의 타당성은 우리의 실제 삶에 나타나는 것들, 말하자면 사랑, 우정, 애정, 격려, 배려, 열광, 기쁨, 관심, 위안 앞에서 완전히 붕괴된다. 우리가 어떤 사람과 새로 친해지면 친절함이나 우정의 양이 줄어들까? 절대 아니다. 우리가 어떤 사람을 매우 좋아하게 되었을 때도 우리가 사용할 수 있는 사랑이나 애정이 축소되지 않는다. 사랑과 격려, 배려, 관심, 공감, 위안의 경제학은 물리적 법칙이 아니라 그 자체의 법칙을 따른다. 여기서는 더 많이 나눌수록 가진 것이 줄어든다는 공식이 적용되지 않는다. 오히려 우리가 많이 나눌수록 풍부하게 채워지고, 더 많은 것을 받을 수 있다.

그러므로 한 사람을 사랑한다는 것은 그 한 사람에 대한 사랑 때문에 다른 사람들을 더 이상 사랑하지 않거나 사랑할 수 없다는 것을 의미하지 않는다. 또는 내가 사용할 수 있는 사랑의 양 때문에 사전에 확정된 사람 수에 한해서만 사랑해야 한다는 것을 의미하지 않는다. 이러한 관계는 감정적인 부분에서만 발견되는 것이 아니다. 그러한 감정에 따라 우리가 무언가를 나누어 주는 행위에서도 발견된다. 한 사람을 위로하거나 격려했다고 해서 다른 사람을 위한 위로나 격려가 우리에게서 소진되는 것은 아니다.

이런 독특한 현상은 그 형태도 다양하고 견고하기 때문에 대상에 따라 좌우되지도 않는다. 그 대상은 사람이 될 수도 있고, 동물이나 사물, 예술 작품, 음악 작품, 지역과 나라, 심지어는 사상이 될 수도 있다. 이러한 사실 역시 너그럽고 풍족한 사랑의 경제학이 고전적인 자원 순환 모델을 근본적으로 바꾸어놓는다는 것을 암시한다. 인간이 관련되면 '기브 앤 테이크'라는 물리학적 순환 모델이 아니라 물리학적, 생물학적 관점에서는 불가능한 영구기관을 정신적 차원에서 요구하는 기제가 적용된다. 즉, 사전에 받은 에너지의 양과 상관없이 에너지를 발산하는 기제가 적용된다. 정신성을 소유한 인간은 언제나 객체를 훨씬 능가한다. 인간은 절대적 주체다.

우리는 주는 행위를 통해 자신을 더욱 풍요롭게 만들 수 있다. 한 사람의 부를 결정짓는 삶의 영역은 받는 것이 아니라 주는 행위를 통해 풍요로움을 무한대까지 증대시킬 수 있다. 반대로 충분히 나눌 수 있음에도 불구하고 자신의 실존적 자원을 아끼면 그만큼 궁핍해진다.

중요한 것은 우리가 무엇을 얼마나 받았는지가 아니다. 받은 것을 자유롭게 이용하고 세상을 향해 발산하겠다는 우리의 마음가짐이 중요하다. 이러한 실존적 자원은 우리가 그것을 실현하고 공유할 준비가 되어 있는 만큼 자유롭게 사용 가능하다.

흥미롭게도 이러한 내용은 심리학 분야에서 지금까지 체계적으로 연구되지 않았다. 보편적으로 인정하는 자원 순환 모델을 완전히 붕괴시킨다는 사실만으로도 주목을 받을 텐데 말이다. 한편으로는 자원 순환 모델에 어긋나는 현상들도 공공연히 기계론적 세계관으로 파악하기 때문이고, 다른 한편으로는 이러한 현상들에 대한 임상적 중요성이 충분히 평가되거나 진가를 인정받지 못하기 때문이다. 지금까지 얼마나 많은 사람들이 자신이 전혀(혹은 너무 조금) 사랑을 받지 못해서 사랑을 주지 못한다는 이야기를 들어왔을까? 얼마나 많은 대중심리학 베스트셀러들이 발산할 수 있는 것보다 자신을 먼저, 자신이 받는 것을 먼저 생각하라고 조언하고 있는가? 베스트셀러들은 그런 조언을 바탕으로 남에게 기대하거나 받는 것보다 주는 것으로부터 개척될 수 있는 자원들을 사람들로부터 떼어놓고 있다.

우리가 이전에 받지 못했다는 이유로 좋은 것을 세상에 발산하는 일을 소홀히 함으로써 지금 우리의 호의를 필요로 하는 세상이 얼마나 더 궁핍해지고 있는가? 세상은 지금보다 훨씬 더 풍요로워질 수 있다. 또한 받은 만큼의 사랑과 우정, 호의만을 역사의 페이지에 기록할 수 있다는 잘못된 믿음이 우리의 인생을 얼마나 더 궁핍하게 만들고 있는가?

다음 논의로 가기 전에 우리가 인식한 세 가지 사항에 대해 짚고넘어갈 필요가 있다. 첫째, 우리는 자신이 받은 것에 대한 의존에서 벗어나 이를 극복할 수 있다. 둘째, 우리의 행동으로 다른 사람뿐만 아니라 우리 자신도 풍요롭게 만들 수 있다. 우리의 행동이 자신과 다른 사람을 치유해주고 유익하게 돌아오기 때문이다. 얼마나 유익한지는 앞에서 언급한 젊은 심리학자의 사례에서 충분히 드러난다. 그는 사랑받지 못한 자신의 경험을 자신과 다른 사람을 보살펴야 한다는 마음으로 변화시키고, 전적으로 유해하고 치유 불가능한 방향으로 나아가고 있는 이 세상을 향해 치유와 격려를 발산했다. 셋째, 물리학적 관점에서는 배제될 수 있는 '외부 에너지의 유입'이 인간이 관여하게 되면(자신이 아닌 다른 대상에 관심을 가지면) 가능해진다.

나른 대상에 대한 관심 속에서, 아니 그러한 관심 속에서만 보편적으로 적용되는 결정론이 힘을 잃는다. 다른 사람에 대한 관심은 자아를 주체의 편협함으로부터 벗어나게 하며 본질적으로 주어진 자유로운 상태로 되돌아가게 한다. 이와 관련해서는 뒤에서 다시 한번 다룰 것이다. 왜냐하면 이러한 상관관계는 무관심을 극복하는 방법을 추구하는 우리의 탐험 전체를 관통하기 때문이다.

어쩌면 사람들은 무관심의 극복이 어떻게, 어떤 방식으로 가능한지 이해하지 못할 수도 있다. 이 세상을 향해 자유롭게 나누어주고 공유하는 사람은 자신이 나누어준 것만큼 더 부유해진다. 이러한 현상은 엄밀히 말하면 오로지 승자만이 알고 있다. 우리의 관심을 받는 사람은 비정했던 세상 속에서 어떤 대가나 보상도 바라지 않는 관심과 우정, 사랑, 위안, 격려를 받는 소중한 경험을 한다. 그리고 단순히 그것을 목격한 제3자도 이를 본보기로 삼고 직접 나눔의 기류에 합세할 수 있다.

이것이 첫째는 시대정신에, 둘째는 모두가 익히 알고 있는 물리적 에너지보존법칙에 위배되는 것처럼 보이기 때문에 사람들은 이해하지 못할 수 있다. 어쩌면 우리가 지금까지 잘못 배웠거나, 세상의 정신적·실존적 내용들이 우리의 생각보다 훨씬 호의적이고 친절하며 긍정적이라는 사실을 받아들일 용기가 없었던 게 아닐까?

이 세상과 우리의 삶은 언제나 예기치 못한 방향 전환을 할 수 있다. 하지만 이러한 예기치 못한 방향 전환은 익숙한 고정관념에서 벗어나 우리 자신과 세상에 대해 놀랄 준비를 갖추어야 가능하다. 이를 위해 많은 것이 필요하지는 않다. 열린 마음과 어느 정도의 기본적 신뢰만 있으면 가능하다. 이러한 신뢰는 세상을 판단하는 데 만물을 수용하면서도 가능한 것, 마땅히 그래야 하는 것을 중요시한다. 우리가 세계지도를 그릴 때는 이미 알려진 영역의 좌표뿐만 아니라 아직 발견되지 않은 넓고 비옥한 영역도 중요하다.

5장

자유의 한가운데 존재하는 책임

이제는 다른 사람을 기다리는 것을 끝내고 솔선수범할 준비가 된 사람이 필요하다. 우리는 과거에 받은 것이 없기 때문에 그렇게 행동할 수 없다는 생각과 자신 있게 결별할 수 있다. 언제든지 행동할 수 있다. 이것은 우리의 자유다.

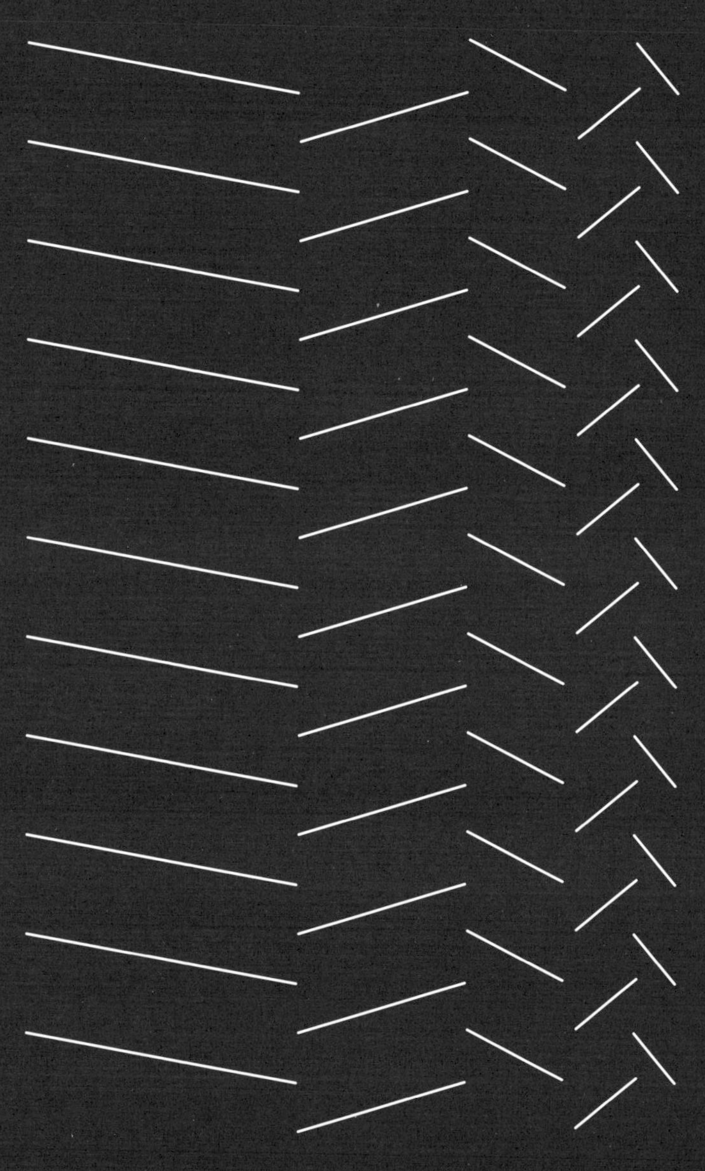

다른 사람의 희망을 실현시킬 수 있다

'열린 마음'은 탈현대적인 가치 위기와 인간상에 따른 시의적 논쟁에서는 점점 듣기 어려워지는 개념을 내포하고 있다. 바로 '희망'이다. 희망은 일반적으로 개인의 유의미한 성취나 욕구 충족만을 중요하게 생각하지 않고 공동체적 성취를 바라는 것이다. 흥미로운 사실은, 희망을 우리 자신을 위해서만 요구하는 것이 아니라 세상 전체, 혹은 최소한 우리와 관계된 주변 세계로 확대하면 저절로 활력이 생겨난다는 것이다. 이러한 활력은 세상을 향해 열린 마음과 관심을 가지는 자세가 원래부터 인간에게 내재해 있다는 것을 암시한다.

간단히 말하자면, 이상주의자가 되는 것은 우리에게 확실히 유익하다. 왜냐하면 희망이 가져오는 생동감은 그저 우리가 잘 살고 있다는 것뿐만 아니라, 우리가 조화롭게 살아가는 데 당연하고 꼭 필요한 것임을 보여준다. 이 생동감은 (말로 충분히 설명하기는 어렵지만) 단순한 감정 그 이상이다. 실존적으로도 우리가 충분한 가능성을 가지고 삶과 연결되는 고리를 발견했다는 사실, 삶의 현장에 우리가 도착했다는 것을 알려준다. 삶의 현장은 이 기적 시각이 우리를 고립시키지 않는, 에너지들이 상호 작용하는 곳이다. 우리가 우리의 에너지를 다른 사람들의 에너지와 합칠 준비가 된다면, 우리의 강점과 약점이 조화롭게 균형을 이룬 느낌을 가질 것이다.

왜 그런지는 명확하다. 우리의 능력과 강점을 다른 사람들의 삶과 공유하기 위해 가동시킨다면 최고의 목적지를 발견할 수 있다. 즉, 우리의 능력과 강점이 그것을 기다리는 세상의 영역들로 향하면, 위축되고 쇠약한 세상의 영역을 풍요롭게 해줄 것이다. 우리의 약점 역시 상쇄될 것이다. 우리의 약점은 다른 사람으로 하여금 자신의 능력을 효과적으로 발휘할 장소와 기회를 제공하기 때문이다. 우리의 약점이 다른 사람의 최선을 끌어낼 수 있는 기회가 된다. 특정한 능력을 발휘하는 기회일 뿐만 아니라, 자신이 아닌 누군가를 위해 전력을 다하는 기회가 되는 것이다. 반대로 그의 약점 역시 우리에게는 삶의 영역에서 그를 도울 수 있는 기회를 제공한다.

어떤 인간도 고립된 섬이 될 수 없다. 우리의 강점과 약점은 서로를 보완할 수 있도록 분배되어 있다. 강점과 약점은 실제로 개인에게만 머물러 있는 것이 아니라, 서로 다른 인간적 속성들과 함께 맞물려 작용한다. 쉽게 말하면, 앞을 못 보는 사람은 다리를 절뚝거리는 사람을 업고 갈 수 있고, 다리를 절뚝기리는 사람은 앞을 못 보는 사람에게 길을 알려줄 수 있다. 이로 인해 두 사람은 특정한 약점을 보완하는 인간의 능력 그 이상의 것을 보여주고 있다. 여기서 또다시 약점을 강점으로 만드는 인간적 현상이 나타나고 있다.

사실 자연 생태계의 법칙도 상호 보완 및 협력의 원칙에 기인한다. 그런데 언어적 소통 능력을 지니고 자유로운 지성까지 갖춘 인간이 이 단순한 관계를 도외시하고 영원히 승자가 되지 못하는 인생 모델을 자기 운명으로 만들었다. '대립' 혹은 '나만을 위한 것'을 피할 수 없는 운명으로 받아들이기 때문이다. 문제는 이러한 인생 모델이 도리어 인간을 배제하고 있다는 사실이다.

여기서 우리는 대중문학에 널리 퍼져 있는 처세술이 왜 지속적이지 못한지를 확인할 수 있다. 사람들은 잘살기 위해서는 다른 사람보다 자신을 먼저 생각해야 한다는 이야기를 종종 듣거나 책으로 읽는다. 이러한 처세술에서는 자신의 행복을 최우선으로 하는 삶을 살아야 한다고 거듭 강조한다.

오스트리아의 영향력 있는 임상심리학자이자 심리치료사인 엘리자베스 루카스Elisabeth Lukas는 이런 조언이 과거에는 매우 중요하고 합당하며 유익했을 수도 있다고 분석했다.[39] 심리학과 인생 상담은 당연히 주도적인 삶에 방해가 되는 태도를 바로잡아야 하고, 또 과거에는 일방적이고 지나친 희생을 강요했기 때문이다. 그래서 자기 자신을 잃으면 안 된다고 고무함으로써 희생적 삶의 추세에 대응했다.

하지만 지금은 어떤가. 자신을 먼저 생각해야 한다는 호소로는 오늘날의 시대정신에 맞설 수가 없다. 지금은 오히려 자신의 욕구를 관철시키려는 추세가 강하다. '이기주의자가 되는 방법'에 대한 조언들이 과거에는 좋은 뜻을 포함하고 유익했을 수도 있다. 하지만 이기주의가 만연한 시대에는 그다지 도움이 되지 않는다. 무엇보다 이런 조언들은 인간의 실존적 맥락에서 허용되지 않는 에너지보존법칙을 정신적 현상에 적용하고 있다. 이 조언들은 호의적이고 협력적인 삶의 질서와 선의를 도외시하며, 실존적 차원에서 인간의 능력을 위축시킨다. 자신뿐만 아니라 다른 사람의 삶을 돌아볼 줄 아는 능력, 다른 사람에게 헌신하고 무언가를 나눠줄 수 있는 능력(본능적, 생물학적으로 이러한 능력이 규정되어 있지 않음에도)을 위축시키는 것이다.

이기적 삶의 모델은 만물의 본질과 인간의 본성, 그리고 세상의 빈곤함을 잘못 이해함으로써 나타난다. 세상은 우리의 도움 없이는 결코 실현되지 못할 유의미한 사명을 지속적으로 우리에게 떠맡기고 있다. 하지만 우리가 본질적인 것을 잘못 이해하면 이로부터 도출된 삶의 지침 역시 대부분 단편적이거나 쓸모없다. 자신의 행복을 위해 다른 사람의 관심을 기다리고 요구하며, 심지어는 강요해야 한다는 조언은 우리를 위해서도, 다른 사람을 위해서도 결코 유익하지 않다. 왜냐하면 이러한 이기적 조언은 우리가 언제든지 (자유롭게 공유할 준비가 되어 있다면) 무제한적으로 사용할 수 있다고 확신하는 선한 자원들로부터 우리를 떼어놓기 때문이다.

결핍은 그것이 전혀 필요하지 않을 것 같은 곳에 생긴다. 모든 사람이 다른 사람의 노력과 관심, 우정, 격려를 기다리고만 있다면 어떻게 될까? 당연하다고 여겨지는 이러한 모든 기대와 요구에 맞서 자신의 한계를 벗어나 침묵과 비난이 지배하는 곳에 관심과 선의를 베풀기 시작하는 사람이 한 명도 없다면? 모두가 하염없이 기다리기만 할 것이다!

이제는 다른 사람을 기다리는 것을 끝내고 솔선수범할 준비가 된 사람이 필요하다. 우리는 과거에 받은 것이 없기 때문에 그렇게 행동할 수 없다는 생각과 자신 있게 결별할 수 있다. 언제든지 행동할 수 있다. 이것은 우리의 자유다. 그렇다면 지금 당장 행동하는 것은 어떤가.

이제껏 경험하지 못한 일상의 기쁨

앞에서 설명한 실존적 자원 모델이 아무리 용기를 준다 하더라도, 사람들에게 어차피 에너지와 자원은 다시 유입될 테니 관대한 첫걸음을 내디디라고 고무하는 것은 다소 민망한 일이다. 우리는 대부분 과거에 많은 것을 받지 못했지만, 이제는 자신의 한계를 벗어나 용감하게 첫발을 내디뎌 호의적인 인과 사슬의 시작점에 서야 한다. 이것이 우리에게 달려 있다는 사실을 우리는 그 출발점으로 삼고 있다.

그러나 심리치료를 통해 드러나는 내용은 완전히 다르다. 다른 사람에게 줄 만한 것을 과거에 전혀 받지 못했거나 너무 적게 받았다고 주장하는 사람들은 자신의 삶뿐만 아니라 스스로에 대해서도 근본적인 오류에 빠져 있다. 이러한 사실은 심리치료를 받는 환자와의 면담에서 반복적으로 드러난다. 그들은 자신의 삶에서 좋은 것이 아무것도 없다고 불평한다. 그들의 인생을 들여다보면 그렇게 나쁘지는 않다. 그런대로 훌륭한 편이다. 문제는 자신의 일상을 풍요롭게 해주는 것에는 그들이 주의를 기울이지 않았다는 것이다. 그들의 삶에 존재하는 좋은 것은 충족되지 않은 요구의 희생양이 될 뿐이고, 결국 그들은 자신이 실제보다 더 불쌍하다고 느끼거나 믿는다. 예를 들면 그들은 건강한 아이들과 안정된 직장, 집을 가지고 있으며 신체적으로도 건강하다. 다만 가끔씩 두려움이나 작은 불안감을 경험한다. 그들에게 삶을 즐길 만한 충분한 이유가 있지 않느냐고 물어보면, 그들은 곰곰이 생각하다가 한참 후 이렇게 인정한다.

"네, 물론 그렇죠."

모든 것이 나쁜 것은 아니며, 심지어 대부분은 매우 만족스럽다. 그는 '그저' 가끔씩 불쾌감이나 두려움을 느낄 뿐이며, 그것을 극복하고 싶어 한다.

이처럼 우리는 심리적으로 불안정한 사람들이 자신의 삶에서 몇 가지(가끔은 아주 사소한 것)가 제대로 이루어지지 않는다는 이유로 모든 것에 의구심을 품거나 가치 절하하는 것을 반복적으로 목격한다. 때로는 이런 궁금증도 생긴다. 이 사람들은 모든 것이 좋아야 한다거나 좋은 것이 하나도 없다는 마음 때문에 도리어 잘못된 길로 빠지거나 심리적으로 불안한 것은 아닐까? 또는 그들이 다른 사람에 비해 쉽게 불안감을 느끼고 비교적 사소한 문제도 매우 중대하게 느끼기 때문에 이러한 삶의 자세를 발전시킨 것은 아닐까?

하지만 심리적으로 불안정한 사람들뿐만 아니라 대부분의 사람들이 삶에서 좋은 것은 당연한 것으로 받아들이고 마음에 걸리는 것이나 충족되지 않은 일은 훨씬 크게 조명하는 경향을 가지고 있다. 가끔은 이것이 우리가 당연한 권리라고 받아들인 고마운 부분에 대한 시각을 확 트이게 해주기도 한다. 우리는 당연한 것으로 받아들인 많은 것보다 다른 소수의 것에 관심을 기울인다. 우리가 당연하다고 생각하는 것은 당연한 것이 아니라 그저 익숙한 것이며, 이 경우에는 익숙하고 좋은 것이다. 우리는 이렇게 익숙하고 좋은 것에 대해 고마워하지 않고 마땅히 그래야 하는 것으로 생각했다. 이와 관련하여 빅터 프랭클은 행복에 대해 다음과 같은 놀라운 정의를 내렸다.

"행복이란 나에게 주어지지 않은 것이다."[40]

어떤 사람이 정기 검진을 받다가 놀랍게도 의사에게서 이런저런 소견이 좋지 않으니 심각한 문제가 없는지 더 검사해봐야 한다는 이야기를 들었다고 하자. 집으로 돌아가는 길에 그는 갑자기 세상이 위협적으로 변했음을 느낀다. 갑자기 세상을 믿을 수 없게 되었다. 집으로 가는 전차 안에서 그는 다른 사람들의 태평함을 관찰한다. 그들은 건강하다. 하지만 그들은 정작 그 사실을 알지 못한다. 그는 번잡한 쇼핑가의 인파를 바라보며 속으로 생각한다.

'이 사람들은 내가 상실한 태평함을 가지고 있구나. 나도 저런 태평함을 다시 가질 수 있다면 얼마나 좋을까.'

어떤 여성 환자는 이러한 상황을 두고 '일상에서 경험하지 못한 기쁨'이라고 표현했다. 아주 적절한 표현이다. 그들은 자신이 얼마나 행복하게 쇼핑가를 거니는지 전혀 인식하지 못하고 있다.

실존적으로 이렇게 연약한 상황에 놓인 사람은 그동안 살아온 시간들이 얼마나 재미있고 풍요로우며 근심이 없었는지를 인식한다. 가령 서점에서 새로 나온 책을 바라보는 것이 얼마나 호사스러운 일인지를 갑자기 깨닫게 된다. 이때 다른 사람들의 태평함을 부러워하는 감정이 그를 엄습할 것이다. 그리고 '사소하고 당연한' 일상의 행복에 얼마나 고마워할 수 있는지를 깨달을 것이다. 이제 일상의 행복이 사소하지도, 당연하지도 않았다는 사실이 드러난다. "나에게 주어지지 않은 행복"을 깨닫는 것이다.

여기서 다루어지는 내용은 심리학적 관점에서 쉽게 설명된다. '경험하지 못한 기쁨'이라는 덫을 피하기 위해서라도 이에 대해 자세히 살펴볼 가치가 있다. 어째서 우리는 우리가 받은 좋은 것을 그렇게 쉽게 간과해버리는 것일까? 어째서 충족되지 않았다고 생각되는 욕구를 경험의 중심에 놓고 삶의 성공을 평가하는 잣대로 삼는 것일까?

여기에도 역시 심리적, 잠재적으로 중요한 기제가 작용하고 있다. 인간이란 유기체는 결핍이나 기능장애를 알려주는 신호에 자연스럽게 주의를 기울인다. 배고픔과 갈증, 고통, 불쾌한 상태, 피로감 등이 모두 지표가 될 수 있다. 이 지표들은 우리에게 결핍을 알려주고 그에 맞서 무언가를 감행하도록 한다. 하지만 이러한 기제가 인생에서 좋은 것을 인식하고 높이 평가하는 우리의 능력에 악영향을 끼치기도 한다. 우리가 이미 달성한 것, 아무 문제가 되지 않는 것은 사소한 것이 되어버린다. 그것들은 겉보기에 상당히 훌륭히 작동하기 때문에 우리에게 아무 요구를 하지 않는다.[41]

그런 이유로 생물학적 생존에 도움이 되는 이런 기제는 '경험하지 못한 기쁨'의 문제를 야기할 수 있다. 말하자면 일상의 기쁨과 성공을 전혀 인지하지 못하고, 문제없이 제대로 기능하고 있는 우리의 영역에 대해서 흥미를 잃어버린다. 특히 풍요로운 사회에서 태어나고 자란 우리가 습관적으로 자신의 욕구에만 관심 가질 때 이러한 현상이 나타난다. 아무런 문제가 없는 삶의 영역은 우리를 필요로 하지 않으며, 조만간 당연한 것으로 여겨지거나 심지어는 인지조차 되지 않는다. 결핍 상태가 메워졌을 때에도 결핍이 제거되었다는 고마움이나 충족감은 오래 지속되지 않는다. 정상적인 상태로 다시 돌아왔고 결핍이 해결되었기 때문이다. 그래서 종종 우리가 현재 가지고 있는 것에 대해 실존적 위협을 먼저 느끼고, 그다음 과거에 무엇을 얼마나 많이 가졌는지를 떠올리게 된다.

환자들을 면담하면 대체로 자신들이 특별한 소원, 이를테면 해외여행이나 비싼 명품을 바라는 것이 아니라고 말한다. 그들은 그저 일상으로 다시 돌아오기를 바란다. 일상이 위태로워진 지금에서야 비로소 일상에서 전혀 떠오르지 않았던 생각, 즉 '이것은 당연한 것이 아니야. 지금까지 내가 얼마나 큰 행복을 누렸는지 알겠어.'라는 생각을 하게 되는 것이다. 그러므로 "행복이란 나에게 주어지지 않은 것"이라는 프랭클의 정의를 이렇게 풀어서 말할 수 있다.

"우리는 가지고 있는 것에 너무 빨리 익숙해지고, 우리가 잘 지내기 위해서 가지려는 것 혹은 가져야만 한다고 생각하는 것에 시선이 사로잡혀 있다."

이것을 잘 알고 있다면 우리 삶에 얼마나 좋은 것들이 존재하는지를 알려주고 감사함을 느끼게 하는 위협 따위는 필요하지 않다. 기본적으로 우리가 놓치고 있는 것이 무엇인지 가끔씩 생각해보고, 우리의 도움과 격려, 위로가 필요한 다른 사람들에게 부족한 것은 무엇인지 관심을 가지는 것만으로도 충분하다. 우리가 세상에 기여할 힘을 어디에서 얻을 수 있느냐는 질문도 함께 종식시킨다. 다시 말해 우리가 어떤 선행을 누구에게 혹은 무엇에 발산하려고 하는지에 대해 생각하는 것 자체가 이미 누군가로부터 선물받은 것이며, 그것을 다른 사람에게 전달한다는 것을 암시하기 때문이다.

지금까지의 분석이 옳다면 우리가 받은 것만을 전달할 수 있다는 공식은 점점 더 수상해진다. 이 공식에 따라 인생을 살아온 사람은 앞에서 말한 '경험하지 못한 기쁨'이라는 그릇된 추론의 희생양이 된다. 또한 우리가 세상으로 발산할 수 있는 좋은 것들도 과소평가된다. 이렇듯 심리학적 결정론은, 첫째, 우리가 가지고 있는 것, 둘째, 우리가 사용할 수 있는 것, 셋째, 우리의 현재 모습을 과소평가한다. 우리가 가진 것은 우리가 받은 것보다 잠재적으로 훨씬 더 많다.

하지만 이 모든 것에 있어서 우리는 균형적 사고를 유지해야 한다. 왜냐하면 결핍된 것에 주의를 기울이는 경고 기제가 문제를 초래함에도 불구하고 기본적으로 우리의 삶에 도움을 줄 수도 있기 때문이다. 이런 경고 기제는 우리가 언제 옆으로 비키고 조심스럽게 앞으로 나아가야 하는지 늦지 않게 말해주며, 우리의 힘과 능력이 혹사당하지 않도록 경고해주는 것이다.

우리의 삶에 얼마나 많은 것들이 순조롭게 달성되는지, 그리고 얼마나 감사해야 하는 일인지를 간과하면 안 된다는 변론은 앞에서 말한 경고 기제를 무시해야 한다는 것을 의미하지 않는다. 다만 우리가 현재 취약하거나 평탄하지 않은, 혹은 결함 있는 삶의 영역들뿐만 아니라 우리가 (달성한 것이라는 이유로) 자발적으로 관심을 기울이지 않는 영역들도 바라봐야 비로소 균형 있고 완전한 모습을 획득할 수 있음을 말해주는 것이다. 이것이야말로 매우 현실적이고 합리적인 감사의 토대다.

하지만 합리적인 감사와 종종 대립을 이루는 것은 외부적 결핍이 아니라 내면적 결핍, 우리를 낙담시키는 내면적 사실과 제한성이다. 말하자면 어떤 사물의 결핍이 아니라 방해 요소가 되는 비이성적인 심리적 상태, 즉 두려움과 불안감을 유발하는 것이다. 우리의 관심을 문제적 영역으로 집중시켜 삶을 지탱하는 기제가 잘못 측정되게 함으로써 필요 이상으로, 또는 잘못된 장소에서 경보를 울리게 한다. 그렇게 되면 우리의 삶은 더욱 힘들어진다. 반대로 추진력이 부족할 때 그 결핍을 보충하기 위해 경보를 울려야 하는데, 그 경보가 들리지 않아 힘든 경우도 있다. 심리치료나 상담에서는 이러한 내면적 사실이 몇몇 외부적 결핍, 즉 현실적 결핍보다 사람을 때때로 더 불안하게 할 수 있다고 말한다.

내적 장애물 극복하기

지나친 두려움, 자기통제력 결핍, 또는 강렬한 감정이나 절망감에 우리의 행동이 좌우될 때가 있다. 이런 내적 장애물은 어떻게 극복해야 할까? 내적 결함은 일반적으로 지금까지 논의했던 '인풋-아웃풋' 모델보다 개인적 성향에 기인한다. 그러므로 개인에 따라 서로 다른 결함 상태가 나타나는데, 그 이유는 결함을 생겨나게 하는 경험 방식이 개인적이고 주관적이기 때문이다.

이를테면 무엇이 옳은지를 알고 있지만 불안감이 그 일을 하지 못하도록 마비시키는 사람이 있다고 하자. 그는 자신을 믿지 못하고 행동을 주저한다. 친구와 가족, 다른 사람들이 자신의 행동에 대해 어떻게 말할지 몰라 마음이 불편한 것도 있다. 자신의 행동이 초래할 위험을 감수해야 한다는 사실도 두렵다. 가령 자신의 행동이 성공적이지 못할 수도 있고, 그로 인해 부끄러워질 수도 있다. 그런 위험은 감수하고 싶지 않다. 그는 이에 대해 큰 두려움을 가지고 있다.

반대로 어떤 행동을 하지 않아야 한다는 사실을 분명히 알고 있지만 끊임없는 욕망과 의존감에서 헤어 나오지 못하는 사람이 있다. 가령 그는 해로운 습관이나 중독증을 극복하려고 한다. 그런 습관을 버리겠다고 자신과 약속도 한다. 하지만 일주일 후 그는 매우 부끄러워하면서 습관적으로 그 나쁜 행동을 다시 했고 자신과 한 약속을 어겼다고 작은 목소리로 고백한다. 그러고는 곧바로 책임을 모면하고자 결정적인 말을 한다.

"저도 어쩔 수가 없었어요. 그렇게 하고 싶은 마음이 너무 강했거든요."

그의 말은 이러한 형태의 결정론을 간단명료하게 일축해주고 있다. 아니면 반드시 해야 하는 일인데도 그 일에 '온 힘을 기울일' 수 없는 경우가 있다. 이를테면 시험을 준비하거나 박사 논문을 쓰거나 중요한 서류나 지원서를 작성해야 하는데, 텔레비전 앞에서 몇 시간을 흘려보낸다. 물론 매일 시간을 허비함에 따라 압박감과 (인정하든 안 하든) 자신에 대한 실망감도 커진다. 한마디로 자신을 신뢰할 수 없는 상태다.

그런 사람에게 자신이 계획한 일을 못하도록 방해하는 것이 무엇인지 물어보면 딱히 제대로 대답하지 못한다. 그저 의욕이 없고 내키지 않으며, 이런 마음을 떨쳐낼 수가 없다고 할 뿐이다. 어쩌면 그는 어떤 의미 있는 일을 하는 것에 대해 두려움을 느끼는 것인지도 모른다. 두려움은 모든 의욕을 빼앗는 가장 큰 원인이다. 그는 오래전부터 예정되어 있는 (이미 몇 번이나 미뤄왔지만) 치과 진료 날짜를 지키지 못하면 앞으로 상태가 더 나빠진다는 것을 알고 있다. 그래서 이번에는 꼭 치과에 가겠다고 자기 자신과 친구들에게 약속했다. 하지만 일주일 후 그는 살짝 민망해하며 이번에도 치과에 가지 못했다고 말한다.

"나는 너무 두려웠어. 두려움이 가시길 기다렸지만 그렇지 않아서 치과에 갈 수 없었지 뭐야."

심리치료를 받는 환자들 중에는 실제로 자신이 지금까지 두려움 때문에 하지 못했던 행동을 이제는 할 준비가 되었고, 그렇게 하고 싶다고 말하는 사람이 꽤 많다. 그들은 자신이 원하는 행동을 할 능력이 자신에게 없다고 생각하기 때문에 두려움이 사라질 때까지 일단 기다린다. 문제는 두려움의 대상이 사라지기 전까지는 두려움도 사라지지 않는다는 것이다. 앞의 사례에 등장한 사람도 치과 예약을 취소한 후에야 비로소 두려움이 사라지고, 안도감이 찾아왔으며, 홀가분한 마음을 느꼈다고 한다.

그 결과 일시적으로 심적 부담감을 털어내고 두려움이라는 상대를 이기기는 했겠지만, 이러한 승리에는 많은 위험 요소가 내재되어 있다. 두려움은 그 자체로 탐욕스럽다. 두려움에 굴복한 사람은 치명적일 정도로 효과적인 시스템, 즉 두려움이 사라지면 편안함을 느낀다는 시스템에 순응한다. 두려움이라는 자극이 일단 사라지면 경보가 해제되고 편안해진다. 이를테면 두려움에 굴복하고 피하려는 행위를 편안함으로 보상해주는 것이다.

이런 시스템에 따라 두려움의 대상을 회피하는 사람은 두려움만 피하는 것이 아니라 회피로 인한 보상까지 받는다. 그는 두려움이 자신의 생각보다 훨씬 더 컸다는 사실을 깨닫고 그에 합당한 보상을 두려움에게 되돌려준다. 두려움이 더 성장할 수 있도록 먹이를 주는 것이다. 그다음은 어떻게 될지 충분히 예상 가능하다. 다음번에는 치과 예약 날짜가 아니라 예방 접종 날짜를 미룰 것이다. 그는 지금까지는 주사에 대해 그다지 두려워하지 않았다. 그런데 주사를 맞을 때 느낌이 별로 안 좋았다는 사실을 갑자기 떠올린다. 이런 불쾌한 느낌으로부터 벗어나면 기분이 좋아진다는 것을 그는 경험을 통해 알고 있다. 가벼운 두려움이 그를 서서히 잠식하게 되는 것이다. 두려움 때문에 불안해할수록 두려움은 점점 강해진다. 그는 두려움이 사라질 때까지 또다시 기다리고, 결국 예방 접종 날짜를 미룬다. 이런 방식이 계속 반복된다. 우리가 불편한 감정을 우리 자유의 한계로 규정한다면 부자유는 계속 확대될 수밖에 없다.

두려움에 빠진 사람들은 종종 이런 상황에 처한다. 1년 전에는 자신이 사는 도시를 벗어나면 불편한 마음이 들어서 도시를 벗어나지 않았다. 그런데 지금은 자신이 사는 구역 밖으로 나가야 할 때도 불편한 마음이 든다. 그다음에는 자신이 사는 도로, 자신이 사는 건물, 마지막에는 보이지 않는 경계로 둘러싸인 자신의 집을 떠나면 불편해진다. 두려움은 전염병처럼 퍼질 뿐만 아니라, 경험하는 사람의 세계 안에서 점점 더 많은 공간을 요구한다.

가치 위기와의 연관성도 그리 어렵지 않게 이해될 수 있다. 우리는 일반적으로 의미 지향적이고 가치 지향적인 결정을 인식하지 못해서 괴로워하기보다는 그런 결정을 어떻게 행동으로 옮길 수 있는지, 우리가 그런 결정에 얼마나 충실할 수 있는지를 제대로 인식하지 못해서 괴로워한다. 여기서 문제가 되는 것은 외부 상황에 대한 의존 여부가 아니라, 현재의 편안한 혹은 불편한 내면 상태에 얼마나 많은 비중을 허용했는지다. 바로 여기에 이상적이고 유의미하며, 자유롭고 책임감 있는 삶을 방해하는 결정적인 내적 장애물이 있다.

우리가 스스로 인식한 가치를 실현시키겠다는 마음이 좋거나 불쾌한 감정에 일차적으로 의존한다면 결국 우리의 행동도 그것에 의해서만 규정될 것이다. 좋거나 불쾌한 감정은 우리로 하여금 우발적으로 오늘은 이런 가치에 상응하는 행동을 하게 했다가도 내일은 그에 위배되는 행동을 하게 한다. 감정에 따른 이런 명령은 결과적으로 의미와 가치에서 출발하는 것이 아니며, 그때그때 느낀 기분에서 출발하는 것이다.

여기서 자신의 요구를 지향하는 행동이 그 자체로 문제가 있다거나 의미나 가치를 지향하지 않는다는 것은 아니다. 왜냐하면 자신의 요구를 끊임없이 거부하기보다는 따름으로써 의미를 실현할 수도 있기 때문이다. 장기적인 관점에서 볼 때 건강하고 성공적인 삶으로 이끄는 훌륭한 동반자이자 안내자가 될 수도 있다. 예를 들어 자신의 요구에 순순히 따를 때, 즐겁고 아름다운 것을 즐기지 말아야 할 하등의 이유가 없을 때(그러한 이유가 있을 리 없다.) 우리는 편안함과 쾌적함을 느낀다.

가치나 다른 사람, 어떤 목적을 위한 포기(희생)에는 타당한 이유가 있다. 그리고 그 이유를 안다는 것은 자신이 왜 희생을 감수해야 하는지를 안다는 것이기 때문에 희생에 대한 부담감을 덜어준다. 하지만 포기를 위한 포기, 삶의 부정으로 인한 포기는 타당하지 않고 심리적으로 우려할 만하다. 그것은 인정 욕구 때문일 수도 있고, 삶이 우리에게 마련해준 좋은 것을 거부하는 잘못된 삶의 자세 때문일 수도 있다. 결국 자신을 거부하는 것이라고밖에 볼 수 없다. 말하자면 어떤 중요한 반대 이유 없이 좋다고 받아들일 수 있는 것, 그 자체로 기분 좋거나 아름다운 경험처럼 상대적으로 복잡하지 않다고 여겨지는 것을 포기하는 것이다. 게다가 다른 사람이 기분 좋은 경험을 하도록 돕는 것이 가치있고 좋은 일이라면, 자신에게 기분 좋은 경험을 하게 해주는 것이 어떻게 나쁘다고 할 수 있을까? 우리 자신에게 좋은 일을 하는 것이 나쁘다고 한다면 다른 사람에게 좋은 일을 하는 것도 나쁠 것이다. 그렇기 때문에 자신의 요구에 따를 것인지 아니면 거부할 것인지를 결정해야 할 때, 자신의 요구에 따르지 않을 때만 선하거나 성숙하거나 의미와 가치를 지향하는 행동을 하는 것이라고 가정하는 것은 아주 잘못된 생각이다. 물론 자신에게도, 다른 사람에게도 피해를 입히지 않는다는 것을 전제로 해야 한다.

이러한 포기는 우리가 오래전부터 의미 있고 좋은 것이라고 인식했지만 내면적 장애물 때문에 실행하지 못하는 행동과 결정을 단순한 감정에 따라 규정할 때 나타난다. 자신의 의미 가능성이 단순하고 피상적인 감정의 희생양이 된다는 것을 스스로 인식하게 될 때 우리는 불쾌감을 느끼고, 그것이 진정한 만족, 자유롭고 편안한 만족과 관계가 없다는 것을 알게 된다.

사람들이 어떤 일을 하는 이유 혹은 하지 않는 이유는 편안함을 느끼기 위해서다. 이러한 상황에서는 자신의 의지나 더 나은 통찰력에 반해서 행동하며, 대부분 일시적으로 나타나는 변덕스러운 기분을 따른다. 결과가 좋게 나타나는 경우는 드물다. 결국 우리는 편안한 감정을 경험하고 불쾌한 감정을 피하는 것만을 일차적으로 생각하며 행동한다. 그러고는 곧 심리적 오류에 빠진다. 그 이유는 두 가지다. 첫째, 좋은 것에 금방 익숙해지고 성공하지 못한 것에는 더 집착하는 심리적 기제 때문이며, 둘째, 기분 좋은 감정을 추구하려는 충동이 생겨나면서 통제하지 못하는 요인들에 또다시 의존하고 그것에 더 많은 결정력을 부여하기 때문이다.

따라서 기분 좋은 감정을 추구하고 불쾌한 감정을 피하는 행위는 자유와 대립된다. 무엇보다 자유 속에서 전개되는 의미 있는 행동을 수행하지 못하게 한다. 다시 말해 '쾌(快)-불쾌(不快)'의 좌표 체계로는 인간이 지닌 수많은 가능성과 의미를 제대로 판단하기 어렵다. '쾌-불쾌'의 양극만 가진 나침반은 여행자의 자유를 빼앗고 의존으로 이끌 것이다. 양극 사이에 펼쳐져 있는 삶의 지도를 한 차원으로 축소해버리기 때문이다. 이렇게 펼쳐진 삶의 지도는 이 세상을 단지 자신의 욕구에 따라 움직이는 변덕스러운 공간으로 이해한다.

비극적이면서 모순적인 사실은 사람들이 이 사실을 너무 잘 알고 있다는 것이다. 그리고 이것이 바로 자신에 대해 실망하는 이유다. "나도 어쩔 수가 없었어. 비록 다르게 행동해야 했고, 그것이 더 낫다는 것을 오래전부터 알았지만 말이야."라고 자신의 행동을 변명하고 체념적인 결론을 내리는 이유도 여기에 있다.

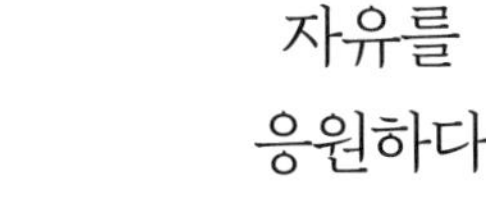

자유를 응원하다

'쾌-불쾌'의 경험은 개인적인 성향과 기질에 따라 달라진다. 어떤 사람들은 체질적으로 두려움을 잘 느낀다. 그들은 뒤에서 예기치 않은 소음이 들릴 때 몸을 더 빨리 움츠린다. 반면 어떤 사람들은 동일한 소리에 거의 반응을 하지 않거나 뒤에서 무슨 일이 있는지 호기심에 그저 돌아볼 뿐이다. 또 어떤 사람들은 스스로 동기 부여를 하는 것을 어렵게 느낀다. 다른 사람들은 이미 일에 착수했는데, 이들은 자신의 과제를 미루거나 너무 망설인 나머지 일을 제대로 진행하지 못한다. 또한 남보다 화를 잘 내는 사람들도 있고, 무기력과 불안을 잘 느끼는 사람도 있다.

연구에 따르면 이런 개인적 차이는 대부분 기질과 성향의 복합적인 상호작용에서 생겨난다. 경험 방식을 통해 직접적으로 바꾸는 것은 불가능하다. 이미 인과적 접근의 한계를 살펴보았듯이, 특정한 몇 가지 일이 쉽게 해결되지 않는 이유를 안다고 해서 그 일을 더욱 성공적으로 수행할 능력이 우리에게 주어진 것은 아니다.

더 중요한 것은 개인적 특성을 어떻게 다루느냐다. 말하자면 개인적 특성이 우리를 결정하는 것이 아니라, 우리가 개인적 특성을 결정하는 것이다. 심리치료사와 정신과 의사로서의 내 경험을 토대로 볼 때, 개인적 특성을 경험 방식으로 변화시키는 것은 불가능하지만, 행동 방식으로는 변화시킬 수 있다. 행동은 경험 그 이상의 것이기 때문이다.

경험은 소망이나 욕구와는 무관하게 우리의 주변 세계나 내면 세계를 재현할 때만 충실하게 제 기능을 한다. 이를테면 내가 밤이라는 사실을 아는 이유는 해가 이미 졌고 시계가 늦은 시간을 가리키고 있다는 것을 내 눈으로 확인하기 때문이다. 또 내가 배고프다는 사실을 아는 이유는 배고픔을 느끼기 때문이다. 또 내가 두려움을 느끼고 있다는 사실을 아는 이유는 두려움이 느껴지기 때문이다. 이것은 변화시킬 수 없는 상태다. 경험하는 사람으로서 우리는 자신과 세계에 대해 이런 방식으로 느낀다. 우리가 무엇을 인지하는지를 의식적으로 결정하기 어려운 것처럼, 그것을 어떻게 인지하고 어떤 감정과 느낌을 경험하는지도 의식적으로 결정하기는 어렵다. 내가 아직 낮이었으면 하고 바라도 밤은 다가오며, 내가 배불렀으면 하고 바라도 배는 고프다. 또 내가 전혀 원하지 않아도 두려움을 경험한다. 이러한 경험은 개인마다 다르게 나타날 수는 있지만, 근본적으로 공통적인 특성을 가지고 있다. 즉, 우리 스스로에 의해 경험되는 것이며, 경험자인 우리의 유일하고 우선적인 '임무'는 이런 경험을 인지하는 것이다. 경험(내면적 경험과 외면적 경험)은 어느 정도 숙명적이며 당장은 변화시킬 수 없다. 말하자면 경험은 우리 마음대로 처리할 수 없다.

또한 앞에서 언급한, 우리의 행동을 방해하는 세 가지 고전적인 원인(두려움, 욕구, 의욕 상실)도 의도적으로 선택해서 경험할 수 있는 것이 아니다. 이러한 상태가 우리를 엄습하는 것이다. 어떠한 사람도 자신의 두려움을 자기 마음대로 선택할 수 없다. 또 본인이 나쁘다고 인식한 습관으로부터 벗어나고 싶은 사람이 있다 하더라도 그에 대한 강렬한 욕구를 마음대로 선택할 수는 없다. 또한 의미 있다고 인식한 행위를 차일피일 미루고 소홀히 하는 사람은 자신에게 결단력과 동기가 부족하다는 사실을 알지만 그것을 의식적으로 선택할 수 없다. 이러한 경험 방식은 개개인의 심리적 기질과 성향에 따른 것이기 때문에 우리 마음대로 선택할 수 없다. 심리치료를 할 때 환자들이 자주 하는 말이 있다.

"저는 원래 그런 사람이고 그렇게 행동해요. 저도 어쩔 수가 없어요."

이 말에 핵심이 담겨 있다. 하지만 이들은 절반만 이야기하고 결정적인 나머지 절반에 대해서는 침묵하고 있다. 즉, 자기 자신뿐만 아니라 세상을 향해서 관심을 가질 때 그러한 자신의 성향으로 세상에 어떤 기여를 할 수 있느냐는 결정적인 질문에 대해서는 말하지 않는다. 그 이유는 다음과 같다.

> 우리가 어떤 일에 몰두할 때 비로소 진정한 자기 모습이 만들어진다. 우리는 자기 성찰이나 자기 투영을 통해서 두려움으로부터 벗어나는 것이 아니라, 몰두할 만한 일에 자신을 바치고 희생함으로써 벗어나게 된다. 이것은 자기 형성의 비밀이다. 이에 대해 칼 야스퍼스Karl Jaspers만큼 적절하게 표현한 사람은 아마 없을 것이다. 그는 다음과 같이 썼다. "인간이란 그가 자신의 것으로 만든 것을 통해 정의되는 존재다."[42]

억제하기 힘든 내면적 저항을 물리치고 자신의 두려움과 욕망 때문에, 추진력 결핍 때문에 하지 못하던 일을 하는 사람도 있다. 그렇게 할 수 있는 이유는 불쾌한 감정을 참고 버텨내는 것보다 더 중요한 어떤 것이 위험에 처해 있다는 것을 알기 때문이다. 그들은 점차 많은 자유를 얻게 됨으로써 불편한 감정들도 사라진다는 사실을 알고 있다. 이것이 가능한 이유는 단순히 두려움이나 불쾌감이 약해져서가 아니라, 의미 있는 일에 몰두하려는 의지가 두려움이나 불쾌감보다 강해졌기 때문이다. 말하자면 두려움과 불쾌감, 그리고 자아 사이에서 힘이 균형을 이룬 것이다. 처음에는 강하게 나타났던 두려움이나 불쾌감이 훨씬 중요한 어떤 것이 위험에 처하면서 감소되었기 때문이다. 또한 자신에 대한 신뢰와 두려움과 불쾌감을 견딜 수 있는 자유, 또는 부득이할 경우 두려움과 불쾌감을 안고서라도 어떤 일을 (그 일이 더 중요하고 의미 있기 때문에) 해낼 수 있는 자신의 자유를 포착했기 때문이다. 빅터 프랭클도 강연에서 자주 이렇게 질문했다.

"내가 그 일을 두려움 없이 할 수 있다고 어떻게 말할 수 있겠습니까?"

이 대안으로 자신의 인생이 쾌감이나 불쾌감, 두려움의 지시를 받도록 할 수도 있다. 상당히 간단할 것이다. 하지만 결국 다음과 같은 선택을 피해갈 방법이 없다. 즉, 두려움 때문에 의미 있는 어떤 일을 해보지도 않고 포기하든지, 두려움을 안고 가든지(두려움을 겪는 것은 충분히 불쾌한 일이기는 하지만), 이 둘 중 하나를 선택해야 한다. 하지만 잘 생각해보면 우리가 행하고 경험할 수 있지만 두려움 때문에 하지 못하는 많은 좋은 것들에 필요 이상으로 두려움을 제공할 필요가 없다. 세상의 궁핍함, 두려움(혹은 추진력 결핍이나 요구)이 많은 공간을 차지하고 있어서 아직 채워지지 않은 자기 인생의 수많은 장들을 생각해보라. 우리는 그것을 그냥 그대로 내버려둘 것인가? 많은 것을 놓치고 자신이 진정으로 원하는 것을 할 수 없다는 사실에 그저 불쾌함을 느끼고 말

것인가? 미래의 자아가 자신에게 일어난 일보다 자신이 발산한 것을 삶을 측정하는 잣대로 삼는다는 사실을 생각한다면 현재의 불안한 자아, 추진력이 약한 자아, 또는 욕망에 이끌리는 자아는 순간적인 '쾌-불쾌' 상태를 보다 쉽게 극복할 수 있다. 그리고 마지막에는 자긍심도 어느 정도 느낄 수 있으며, 단순한 기분 때문에 다시 오지 않을 의미 가능성을 잃었다는 후회도 하지 않을 것이다.

우리가 무엇을, 어떻게 수동적으로 경험하느냐보다 중요한 것은 우리의 적극적이고 개인적인 기여다. 만일 당장 그렇게 하고 싶은 생각이 들지 않더라도, 경험이 우리를 안일함이나 도피, 체념으로 '유인(강요가 아니라 유인이라는 표현한 이유는 여기에도 항상 자유가 주어져 있기 때문이다.)' 하려고 해도 우리의 기여가 실현되어야 한다.

이러한 사실은 부정적 성향보다 긍정적 성향을 참작해도 쉽게 설명된다. 이를테면 음악성을 예로 들어보자. 음악성은 어느 정도는 체질적으로 특정인에게 강하게 나타나며, 심지어 유전적 요인이 있다고도 본다.[43] 여기에서도 우리 체질의 숙명성이 적용된다. 지나치게 쉽게 화를 내거나 흥분하는 성향을 가진 사람의 경우와 마찬가지로 음악적 소질 자체를 의도적으로 직접 선택하거나 야기할 순 없다. 하지만 이것이 그의 행동에 어떤 의미가 있을까? 기질과 경험, 행동은 어떤 관계가 있을까? 음악적 소질이 단순히 피아노를 연주하거나 작곡을 하는 것일까? 그것은 아니다. 이러한 소질이 실현될 수 있도록 우리가 관여하겠다는 결정이 이미 내려져야 한다. 음악적 소질이 실현되도록 하지 않는 한 그 소질은 단순한 가능성으로만 남는다. 그 소질을 끝내 사용하지 않고 무덤으로 가져갈 수도 있다.

이를테면 화를 잘 내는 사람이 있다고 하자. 화를 잘 내는 기질이 불친절하고 버릇없는 것이 아니라 그 사람이 그렇게 하는 것이다. 즉, 화를 잘 내는 기질을 야기하는 심리적 과정이 아니라 자아가 그렇게 하는 것이다. 여기서 자아는 영적 장치일 뿐만 아니라 결정 능력과 책임을 질 수 있는 정신적 인격이기도 하다. 정신적 인격은 그 사람의 확신을 거부하고 일시적 느낌 때문에 내키지 않더라도 '다르게' 행동할 수도 있다. 왜냐하면 경험과 소질이 중요한 것이 아니라 이러한 영향을 주는 요인과 당사자가 중요하기 때문이다. 따라서 그가 단순히 화를 잘 내는 기질을 가지고 있는지, 아니면 실제로 화를 잘 내는 사람인지, 혹은 그가 무기력하거나 두려움을 잘 느끼는 기질을 갖고 있는지, 아니면 실제로 무기력하거나 두려움을 잘 느끼는지 등은 '그에게' 달려 있다.

이 경우 친구나 상담사, 심리치료사의 임무는 결정론적으로 내려진 잘못된 결론, 즉 우리가 받은 것만을 전달할 수 있다는 그릇된 확신의 또 다른 변이를 규명해주는 데 있다. 우리가 자신에 의해, 그리고 자신의 내면에서 일어나는 일에 의해 규정된다는 (우리를 제한하고 속박하는) 신념도 이러한 그릇된 결론에 해당된다.

자유는 성취되는 현실이다. 우리는 자유가 영향력을 발휘할 수 있도록 자유를 성취해야 하며, 경우에 따라서는 변경할 수 없는 경험의 기회를 뛰어넘어야 한다.

이에 대한 구체적인 예를 들어보겠다. 나의 동료 중 한 사람이 모스크바대학교 정신분석학과의 의미치료와 실존 심리치료 분과에서 개최하는 나의 세미나 강연에 참석하기 위해 알마아타Alma-Ata에서 모스크바까지 장시간 비행기를 타야 했다. 나중에 그녀는 모스크바까지 오는 동안 그녀를 내내 괴롭혔던 극심한 비행 불안증에 대해 이야기했다. 심리학자로서 그녀는 불안이 저절로 사라질 때까지 기다리는 것이 아무런 도움이 되지 못하리라는 것을 너무나 잘 알았다. 그래서 불안증으로 고통받는 많은 사람들이 하듯이 불안에 맞서 싸웠다. 하지만 유감스럽게도 이 방법이 성공한 경우는 거의 없다. 왜냐하면 비이성적이고 과대평가된 두려움에 맞서 싸우는 것은 오히려 두려움에 정당성을 부여하고, 이로 말미암아 두려움이 더 강화되기 때문이다. 지나친 두려움은 이성적인 논쟁 상대가 아니다. 말하자면 우리가 무엇에 대해 두려움을 경험하는지 분석을 할 때도 그랬듯이 두려움은 이성적인 규칙을 따르지 않는다.

그녀는 우리와의 대화를 통해 두려움에 대처하는 다음과 같은 전략을 얻어냈다. 이제부터는 두려움에 맞서 싸우지 않기로 한 것이다. 그리고 보다 간단하고 현실적인 목표를 세웠다. 두려움이 약해지게 하기보다는 그녀가 두려움보다 더 강해지기로 했다. 왜냐하면 두려움을 선택하기는 어렵지만, 이러한 결정은 그녀가 직접 할 수 있기 때문이다. 두려움을 곧바로 털어내지 못한 일은 심리학자이자 심리치료사인 그녀에게 유리하게 작용했다. 그녀는 이 기회에 자신의 비행 불안증을 연구하기로 했다. 말하자면 여행 가방에 책과 세미나 자료를 챙겨넣듯이 의식적으로 자신의 비행 두려움도 담아 넣은 것이다. 이륙 직전 두려움이 더욱 위협적이고 불쾌하게 느껴질 때 학문적인 관심을 가지고 두려움을 연구하기로 했다.

하늘에 떠 있는 몇 시간 동안 그녀는 비로소 다른 일에 관심을 가질 수 있었다. 그녀는 무엇이 문제인지 곧바로 이해했다. 즉, 단순한 두려움의 경험이 아니라 그녀가 두려움에 어떻게 반응할지 선택하는 게 중요했다. 충격이나 느낌의 강도만 문제가 되는 것이 아니라 내면의 힘이 균형을 갖는 것이 중요한 것이다. 우리는 인격체로서 우리에게 말을 걸어오는 의미와 관계하며, 경우에 따라서는 그것을 찾기 위해 불쾌한 느낌도 버틸 수 있다. 이 사례에서는 장시간의 두려운 비행을 감수해야 하는 행동이 연구 대상이 될 수 있었다. 그녀는 돌아오는 비행기에서는 비행 불안증이 갑자기 약해졌음을 느꼈다. 의식적으로, 그리고 연구 대상으로 여행 가방에 집어넣었던 두려움이 더 이상 그녀를 괴롭히지 못한 것이다.

이 사례에서 우리는 정확히 무엇이 효과가 있었고 도움이 되었는지는 짐작만 할 수 있을 뿐이다. 어쩌면 유의미한 것을 두려움을 갖고서라도 할 수 있다는 것은 단순한 의지였을 것이다. 아니면 두려움을 의도적으로 선택하고 그 협박 기제를 제거하려는 '역설적 의도'가 깔려 있었을 수도 있다. 말하자면 그녀는 비행 불안증이 완전히 사라지지 않을 거라고 예상하고 '두려움 연구 프로젝트'라는 이름을 붙이고 노골적으로 비꼬듯이 접근했다. 그렇지 않으면 자신의 불안증을 계속 연구할 수 없기 때문이다.

이러한 모든 추측들은 하나의 공통분모를 가지고 있다. 즉, 자아가 두려움보다 강해졌다는 것이다. 자아가 직접 경험적으로 증거를 제시했기 때문이다. 자아는 두려움에만 좌우되는 것이 아니라 그 두려움을 품고서도, 그리고 두려움을 초월하여 중요하고 유의미하다고 인식한 일을 할 수 있다.

이 동료처럼 이런 통찰력을 성공적으로 실행에 옮긴 사람들은 자신의 기분과 정면승부를 할 수 있다고 종종 말한다. 한 환자는 유명한 프로이트의 말을 다음과 같이 변형해서 인용했다.

"기분이 아니라 자아가 다시 나의 집주인이 되었다."

우리는 두려움 앞에서 굴복하고, 추진력을 상실하고, 의존적 존재가 되는 이유가 잠재적으로 방해가 되는 외부적, 내부적 여건을 넘어설 능력이 자신에게 없다고 믿는 자아 때문임을 알고 있다. 우리의 일상이 심리적으로 처리되는 과정에서 자신의 감정에 거슬리는 일을 하면 안 된다고 자아를 계속 설득했을 것이다. 마치 일시적 기분이 (성숙하고 생산적인 삶을 방해한다는 사실을 인정하면서도) 우리 자신의 이성적 통찰보다 훌륭한 조언자가 된 것 같고, 선하고 의미 있으며 옳다고 인식한 일들을 할 자유가 우리에게 없는 것처럼 느껴지도록 말이다. 우리의 결정과 행동이 우리 스스로 비이성적이라고 인식한 감정들, 우리가 진심으로 원하고 해야 하는 일들을 방해하는 감정들로부터 영향을 받는다면 이는 성숙한 행위라고 볼 수 없다.

자유의 갈취와 그 대가에 대해서

지금까지의 논의를 통해 자유의 성취는 우리가 그것을 인지하고 이용할 준비가 되어 있느냐에 달려 있다는 사실이 확실해졌다. 이러한 맥락에서 어떤 능력은 그것이 성취되고 실현되어야만 현실적이고 효과가 있다. 이것을 '성취적 현실'이라 한다. 언어를 예로 들어볼 수 있다. 언어 능력 또한 우리가 말을 하는 범위 안에서 효과적이고 현실적인 것으로 나타난다. 즉, 우리가 말을 해야만 비로소 언어 능력은 현실이 된다. 말하기 전에는 그 사람이 말을 할 수 있다는 추측만 할 뿐이다.

'의지의 자유'라는 관점도 지금까지 논의된 내용을 바탕으로 간단히 정리할 수 있다. 우리는 성취하고 실현할 수 있는 능력이 잠재적으로 있다는 확신이 있을 때에만 현실로 실현하려고 노력할 것이다. 이 확신에 따라 행동에서 어떤 차이가 나타난다면, 이것은 확신으로 인한 성취가 확연한 차이를 야기한다는 간접 증거다. 또한 이러한 능력에 내재된 효력이 사실이라는 것, 성취 가능한 것이라는 강력한 증거이기도 하다. 이와 같은 구체적인 사례는 우리가 결정과 행동에 중요한 '자유의 범위'를 재량대로 사용할 수 있음을 말해준다. 다시 말해 외부적, 내부적 여건에 의존하고 있어서(자유롭지 못해서) '달리 어쩔 수 없다'고 생각하는 사람이 자신에게 없다고 생각한 자유를 사용할 수 있다는 것이다.

이러한 논거는 검증이 가능하며 많은 연구에서도 조사되고 있다. 연구는 원칙적으로 다음과 같은 도식을 따른다. 일단 인구 집단에서 무작위로 임의 추출을 하여 두 집단으로 나눈다. 한 집단에는 그들의 내부적, 외부적 여건이 결정론에 의해 바뀔 수 없다는 사실을 충분히 설명한다. 다른 집단에는 자유롭게 결정하고 행동할 수 있으며, 자신의 내부적, 외부적 조건에 직접적으로 즉시 영향을 미칠 수는 없지만 자유롭게 선택하고 결정하는 것이 가장 중요하다는 사실을 충분히 설명한다.

피험자들은 한편으로는 심리적으로 주어진 감정적 경험 좌표와 다른 한편으로는 결정의 자유와 가치관 사이의 갈등이 의도적으로 미리 설정된 상황에서 관찰 대상이 된다. 피험자들에게는 실험 내용과 연구 의도를 알리지 않는다. 왜냐하면 단순한 기대효과를 포착하는 데 그치는 것이 아니라 피험자 본인의 의지의 자유, 나아가 그 자유를 사용할 준비가 되어 있는지에 대한 믿음(혹은 불신)의 직접적이고 완전한 효과를 포착하기 위해서다.[44]

피험자들에게는 여러 개의 작은 개별 실험에 참가한다고 설명한다. 즉, 하나의 실험은 다음 실험과 관련이 없다고 말해준다. 이를테면 첫 번째 실험에서는 텍스트 이해와 기억의 특정 측면을 조사한다고 알린다. 피험자들은 어떤 실험 집단에 속하는지에 따라 자신이 읽어야 할 텍스트를 받는다. 소위 '새롭고 획기적인' 연구 결과에 대한 내용이다. 결정론을 주입한 그룹에는 인간의 행동이 완전히 결정론적이라는 연구 결과가 담긴 텍스트가 전달되고 다른 그룹에는 인간의 행동이 의식적인 결정 능력의 영향 아래 있다는 텍스트가 전달된다. 피험자들은 텍스트에 대한 몇 가지 간단한 질문에 대답하고, 실험자들은 그들에게 이 실험의 한 부분이 끝났음을 알린다. 그리고 피험자들은 다음 실험을 준비한다.

다음 실험에서 피험자들은 일련의 수학 문제들을 풀라는 지시를 받는다.[45] 실험자는 피험자들에게 컴퓨터 화면에 20개의 수학 문제들이 차례대로 제시될 것이고, 인내심과 끈기를 가지고 머릿속으로 풀어본 후(1+8+18+12+19-7+17-2+8-4=?) 앞에 놓인 종이 위에 답을 쓰라고 설명한다. 그런 다음 실험자는 미안하다는 기색으로 이렇게 말한다.

"프로그램 오류 때문에 문제가 제시되고 나서 몇 초 후에 정답이 자동으로 화면 위에 나타나니, 문제가 제시된 직후 엔터 키를 눌러서 정답이 화면에 뜨지 못하도록 해주십시오. 여러분이 엔터 키를 눌렀는지, 얼마나 자주 눌렀는지 확인할 수는 없습니다."

그러고 나서 피험자들에게 부정행위를 하지 말고 직접 풀 것(정답이 자동으로 뜨기를 기다리지 말 것)을 강력하게 부탁한다. 그래야 실험에 유용한 데이터를 산출할 수 있고, 그렇지 않으면 실험 결과가 아무 쓸모가 없으며, 많은 노력을 들여 오랫동안 준비해 온 작업이 수포로 돌아간다고 말한다. 그런 다음 실험자는 피험자들이 방해받지 않고 혼자서 문제를 풀 수 있도록 방을 나온다. 실험자가 방에서 나가자 피험자들은 감시를 받지 않는다고 느꼈다. 실제로 컴퓨터는 피험자들이 엔터 키를 얼마나 자주 눌렀는지, 아니면 누르지 않았는지 피험자들 모르게 기록하고 있었다. 피험자들은 엔터 키를 누르지 않으면 정답이 화면에 저절로 뜬다는 사실을 알기 때문에 지루한 수학 문제를 편안하게 해결할 기회를 가졌다. 물론 그들은 자신의 양심뿐만 아니라 그렇게 할 경우 정확한 실험 결과를 얻지 못해 실험자에게 해를 끼칠 수 있다는 부담을 감수해야 했다.

결과적으로 이 실험에서 피험자의 기분에 따른 행동과 배려 있는 행동, 넓은 의미에서 가치 지향적인 행동 사이의 갈등은 미미하게 나타났다. 말하자면 이런 상황은 자아가 약한 사람이 "어떻게 달리 할 수가 없었어."라는 이유로 종종 굴복하는 유혹적인 상황으로 정의된다. 부정행위를 하는 것은 보다 편안하고 쉬운 대안이며, 엔터 키를 누르고 지루한 계산을 직접 하는 것은 의지적인 노력이 필요한, 보다 정직하고 성숙한 대안이다.

여기서 핵심적인 질문이 들어간다. 다르게 행동할 수 있는 자유가 주어진 피험자 집단과 자신의 결정과 행동이 결정론적으로 정해져 있다는 이야기를 들은 피험자 집단 사이에 차이가 있었을까? 다시 말해 자유의 성취적 현실에 대해 확신을 가진 사람과 그렇지 못한 사람 사이에 차이가 있었을까? 간단히 말하자면, 차이가 있었다. 다른 실험 상황에서 자신이 자유롭지 못하다는 이야기를 들었던 피험자들은 자유가 확실하게 보장된 피험자들보다(70%) 엔터 키를 확실히 덜 눌렀다(48%).[46]

지금까지 이 실험은 무수한 변이와 테스트 상황에서 실행되었고, 항상 비슷한 결과를 보였다. 결정의 자유에 대한 믿음을 '빼앗긴' 사람들은 자신의 자유를 믿는 사람들에 비해 이성적이고, 신중하고, 배려 있고, 친절하며, 가치 지향적으로 행동할 마음의 준비가 덜 되어 있었다. 예를 들어 다른 실험에서 전자의 사람들은 게임 파트너로서 자신들을 거부했다고 말한(통제된 실험 상황) 모르는 사람들에게 더욱 공격적으로 행동했다.("네가 내게 한 것처럼 나도 너에게 행동하겠어.") 그들은 결코 호의적인 모습을 보이지 않았다.("다른 사람들이 친절하게 대하겠지. 나는 나한테 전념할 거야. 다른 사람들과 나눌 건 전혀 없어.") 또한 그들은 집단 모임에서도 마지못해 적응하는 듯했다.("나는 그들의 인정이 필요해. 왜냐하면 그렇게 해야 내가 더 나은 기분이 드니까. 그러니까 나는 그들의 판단에 동의해. 비록 나는 같은 의견은 아니지만.") 그들은 자신에게 의지의 자유가 있고 자기 책임이 있다는 이야기를 사전에 들은 피험자보다 획일적이고 대세에 순응하는 태도를 보였다. 또한 과제 해결을 위해 필요한 시간보다 몇 분 더 사용해도 된다는 실험자의 지시가 있을 때에도 협조적인 자세를 보이지 않았다.("다른 사람들은 나와 전혀 관계가 없어.") 실험자의 손에서 실수로 연필이 몇 개 떨어졌을 때도 비협조적이었다. 의지의 자유가 주어진 피험자의 77%는 실험자에게 협조적인 반면, 자신이 자유롭지 못하다고 생각하는 피험자의 21%는 실험자가 떨어진 연필을 주우려고 할 때도 전혀 도우려고 하지 않았다.("다른 사람의 불행이 나와 무슨 상관이야?")47

이것은 유사한 실험 결과의 방대한 데이터 중 일부에 불과하다. 이외에도 제어분석Control Analysis을 통해 위에서 언급된 효과들이 다른 요인들(두 실험 집단의 분위기 차이 등)로는 설명될 수 없다는 사실이 입증되었다. 또한 각 실험들이 아무런 관련이 없다고 생각한 피험자들의 데이터만 사용되기 때문에 기대효과도 배제될 수 있다. 게다가 피험자 집단에게 무작위로 의지의 자유 혹은 결정론적 사고를 조작적으로 주입할 때뿐만 아니라, 오늘날에는 처음부터 피험자들이 직접 선택하고 각각의 해당 실험 상황에 노출될 때에도 행동 차이가 나타났다.

따라서 이 책의 앞부분에서 제시된 논거, 즉 우리의 자아상이 행동에 중요한 영향을 미친다는 논거를 임상적, 치료적 증거와 함께 추가된 경험적 증거들이 강력하게 뒷받침하며, 이러한 자아상이 삶에 얼마나 중요한 결과를 만들어내는지 구체적으로 말해줄 것이다. 우리는 할 수 없다고 믿는 것은 시도조차 하지 않으려고 한다. 그러나 우리가 스스로를 과소평가하거나 제대로 격려하지 않는다면 커다란 대가를 치르게 될 것이다. 우리 자신의 삶뿐만 아니라 우리를 둘러싼 주변 세계에 대해서도 마찬가지다. 우리의 주변 세계는 가능성에 대한 과소평가와 그 결과로 생겨나는 이기주의로 인해 위기에 처하게 될 것이다.

우리가 숭고한 가치와 결의를 생각보다 쉽게 실행에 옮길 수 있다는 사실을 모른다면 그 숭고한 가치와 결의는 부질없는 것이 된다. 이 사실이 우리에게 주는 메시지는 다음과 같다. 자신의 약점 때문에 좌절한 사람이 그의 결정 능력과 강인한 자아에 대한 의심으로부터 해방된다면, 그는 더욱 독립적이고 책임감 있게 행동할 수 있을 것이다. 필요하다면 그는 이성적이고 책임감 있는 삶의 성취를 방해하는 불쾌한 감정들을 품은 상태라고 하더라도 '결정'하고 '행동'할 수 있다. 물론 이것은 강요 사항은 아니다. 자유와 책임, 자아의 자율성은 거창한 꿈도, 환상도 아니다. 다만 이것들은 저절로 전개되는 것이 아니라 우리의 능동적인 조력, 우리 능력에 대한 현실적인 평가에 달려 있다.

하지만 여기서 논의된 맥락을 넘어서는 결과들도 있다. 그 결과들은 우리의 자아상보다는 인간상과 관계가 있다. '의지의 자유'라는 틀 안에서 실행된 또 다른 실험의 피험자들에게 다른 사람들이 자신에게 보인 친절이나 격려를 세 가지만 떠올려보라고 부탁했다. 그다음에 자신에게 친절한 행동을 한 사람들에게 얼마나 고마움을 느꼈는지를 단계에 따라 표시하라고 했다. 그 결과가 매우 놀랍다. '자유롭지 않은' 피험자들은 '자유로운' 피험자들에 비해 자신에게 친절하게 행동한 사람들에게 그다지 고마움을 느끼지 않았다.[48] 결정론에 얽매인 사람들은 자신뿐만 아니라 다른 사람들이 타인을 위해 무언가를 할 수 있는 능력과 마음가짐까지 폄하한다. 또한 다른 사람들의 호의적 행동 뒤에 이기적인 동기가 숨겨져 있다고 추측한다. 그들의 행동이 거짓된 행동이라고 생각하기 때문에 고마움을 거의 느끼지 않는 것이다. 그러므로 자신이 다르게 행동할 수 있다는 믿음(자유의 성취적 현실)을 상실한 사람들은 자신을 제대로 신뢰할 수 없는 경험을 반복적으로 할 뿐만 아니라 다른 사람들도 불신하게 된다.

여기서 입증된 내용은 앞에서 논의된 심리치료의 관찰 내용과 일치한다. 즉, 많은 환자들이 자신이 받았던 좋은 것을 있는 그대로 인정하지 못한다. 반면 자신이 겪었던 부정적인 경험에 대해서는 열변을 토한다. 이 세상이 자신에게 얼마나 부당한지, 자신이 그런 세상에 대해 실망하고 분노하고 체념하고 상처받아서 세상에 불친절하게 행동할 수밖에 없으며, 그런 세상으로부터 등을 돌린 것이 얼마나 당연한지를 장황하게 늘어놓는다. 그들은 세상을 거부할 만한 이유, 다른 사람이 그들에게 기대하는 것을 외면하는 핑계를 찾는다. 그들에게 좋은 것은 아무것도 아니거나 당연한 것이다. 좋은 것의 가치를 낮게 평가하기 때문에 좋은 것은 그들에게 기뻐할 만한 것이 되지 못한다.

또한 그들은 당장 더 많은 것 혹은 다른 어떤 것을 요구해야 한다는 믿음에 사로잡혀 있다. 자신이 기뻐하고 고마워할 많은 이유들을 이미 가지고 있다는 것을 알지 못한다. 게다가 유감스럽게도 그들은 다른 사람들의 친절하고 선한 행동을 그 자체로 높이 평가하지 못하며, 다른 사람들이 절대 자발적으로 혹은 호의적으로 행동하는 것이 아니라고 생각한다. 그들은 다른 사람들을(엄밀히 말하자면 자기 자신도) 일단 의심부터 한다. 말하자면 누군가가 그들에게 준 좋은 것이 정말로 좋은 것이 아니라 그저 자기 자신을 입증하기 위한 형식적인 수단이라고 여기는 것이다.

앞으로 다룰 내용을 좀 더 자세히 살펴보기 위해 우리는 다음과 같은 질문을 할 수 있다. 이 질문은 우리 연구의 핵심적인 질문이다. 순수한 호의적 행동이 정말로 존재할까? 어쩌면 우리는 다른 사람이 실제보다 훨씬 더 좋은 사람이라고(혹은 더 좋아질 수 있는 사람이라고) 항상 착각하고 있는 것은 아닐까?

우리는 사람들이 무엇을 할 수 있는지 이미 보았으며, 우리에게 얼마나 많은 자원이 주어져 있는지 알고 있다. 또 무엇이 위태롭고 문제인지도 예감하고 있다. 하지만 사람들이 정말로 무엇을 원하는지를 자세히 살펴봐야 한다. 흥미롭게도 사람들은 이것을 제대로 모르고 있다. 우리 인간이 정말로 무엇을 원하는지를 확실하게 안다면 자신이 원한다고 주장하는 것과 정말로 원하는 것이 완전히 별개의 것이라는 의심을 품지 않을 것이다. 이 질문은 우리의 자아상 및 인간상과 일맥상통한다. 그리고 인간에 대한 또 다른 핵심적인 질문, 즉 인간의 행복은 무엇이며 그 행복을 어떻게 찾을 수 있는가라는 질문과도 연결된다.

6장

세상을 넘어 나에게로

세상에 이로운 것(무관심의 극복)은 결과적으로 우리에게도 이롭다. 단순한 자기 이해관계에 좌우되지 않는다면 충분한 자원과 내면의 풍요로움을 발견할 수 있을 것이다. 그렇지 않으면 그 풍요로움은 영원히 감추어진 채 밀봉되어 있게 된다. 만약 인간 존재가 오로지 감정의 양극 사이에서만 움직인다면 가치 있는 일들을 얼마나 행할 수 있을까?

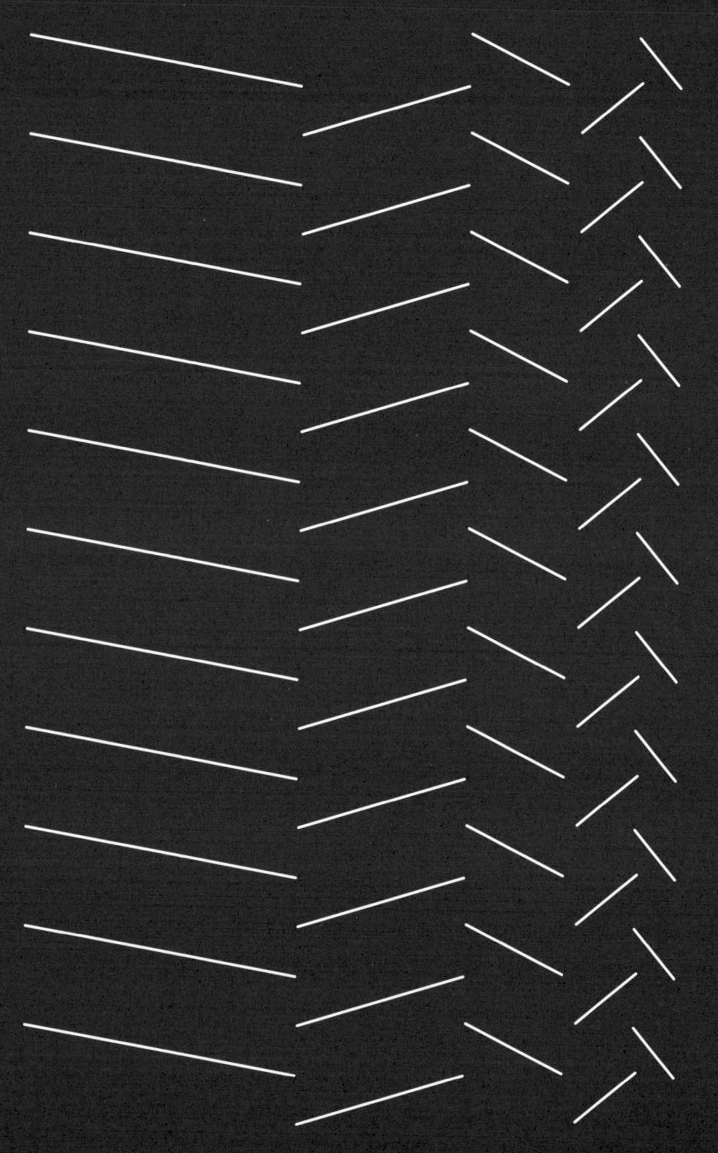

사람들이 진정으로 원하는 것

오늘날 서점에서 심리학과 처세술 분야의 책들을 살펴보면 대부분의 제목들이 대체로 어느 정도 변형은 있지만 하나의 공통된 질문을 제기하고 있다.

"나는 어떻게 하면 행복해질 수 있을까?"

이것은 오랜 역사를 지닌 질문이다. 하지만 이 질문이 학계에서 연구 주제로 떠오르기 시작한 시기는 불과 120년 전이다. 당시 등장한 심리학이라는 새로운 학문에서 이 질문은 처음부터 상위를 차지했다. 그런데 20세기 초부터는 조금 다른 형태의 질문이 제기되었다.

"인간의 궁극적인 삶의 동기와 추진력은 무엇인가?"

이 질문은 전적으로 설득력이 있는 가정을 근간으로 한다. 즉,

인간이 원하는 것을 제대로 알면, 만족한 삶을 살기 위해서는 무엇이 필요한지, 그리고 삶이 어떤 형태로든 의심되고 불확실해질 때 무엇을 제공해야 하는지도 알게 된다는 것이다.

이러한 연구가 처음에는 얼마나 의심스러웠을까? 100년이 훨씬 지난 오늘날 심리학과 심리치료 분야의 다양한 학파와 학설들이 인간에 대한, 그리고 삶의 만족을 향해 나아가는 인간의 행로에 대한 근본적인 자취를 추적하며, 그에 관한 방대한 소견을 제시하고 있다. 하지만 전체적으로 볼 때 이 소견들이 지닌 내적 일관성에 대해서는 아쉬운 부분이 많다. 왜냐하면 그런 생각 자체가 극복하기 어려운 모순이기 때문이다. 그렇게 놀랍지는 않다. 지금까지의 우리의 논의는 인간의 경험과 행동이 정적이지도 기계적이지도 않으며, 자원뿐만 아니라 개인의 기여에 의해서도 크게 좌우된다는 것을 보여주었다.

이러한 연구의 방법론적 수단도 함께 고려해야 한다. 앞에서 논의된 '의지의 자유'에 관한 소견들을 생각해본다면, 심리학과 심리치료가 그저 이론 기술만 하는 것이 아니라 처방과 지시도 하고 있다는 것, 관찰만 하는 것이 아니라 인간의 경험과 행동에 결정적으로 영향을 끼치는 분과라는 사실을 고려해야 한다. 그러한 기대효과가 의식적으로나 무의식적으로 작용할 수 있다는 사실은 주목할 만하다. 다시 말해 가끔은 의식적으로 전혀 제어할 수 없는 심리적 과정에도 작용할 수 있다.

이는 꿈 연구에서도 분명하게 나타난다. 정통 심리분석 치료사에게 진료를 받은 환자들은 증상을 말할 때 고전적 심리분석에 입각해 꿈 내용을 자주 진술한다. 반면, 아들러 학파 심리치료사들의 환자들은 이론적으로 충실하게 자기주장, 인정 욕구, 집단역학에 따라 꿈 내용을 진술한다. 또한 융 학파 쪽 심리치료를 받는 환자들은 자신들의 꿈에 배역을 지정해주기 위해 우리 문화사의 원형적, 신화적 인물의 모든 감명적인 레퍼토리를 사용한다.[49] 이것을 '학설 추종Doctinal Compliance' 현상이라고 한다.[50]

이러한 관찰은 그 자체로만 보면 앞에서 언급된 모델 중 어느 것도 문제 삼지 않는다. 하지만 주체의 개입이 없는 객관적이고 순수한 관찰은 어렵기 때문에 이미 인간과 인간의 심리를 일관성 있는 전체로서 파악하려는 시도는 위태롭다.

무엇이 우리를 행복하게 만들까

우리는 학문적 연구나 심리치료, 혹은 자기 치유 도서를 읽음으로써 자신이 진정으로 원하는 것에 대한 답을 힘들게 획득한다. 이 사실만으로 우리는 인간의 특성에 대한 몇 가지를 알 수 있다. 동물들은 주변 환경에 직접적으로 적응하기 때문에 순전히 생물학적 관점에서 자신이 진정으로 원하는 것이 무엇인지 물을 필요가 없다. 이러한 동물의 본능적 확실성이 우리 인간에게 결여되어 있다면 그것이야말로 근본적인 불확실성을 증명하는 것이 아닐까?

그래서 많은 사상가들이 인간은 결핍된 존재이며, 아직 확정되지 않은 동물이라고 정의했다. 자연(삶)은 인간과 함께 거대한 위기를 감수해왔고, 인간에게 상당한 맹신을 부여했다. 자연으로부터 인간은 현실에는 아직 존재하지 않는 것들을 예측하고 계획할 수 있는 '상상'이라는 재능을 부여받았다. 또한 인간은 '언어'를 부여받아 다른 사람들과 협력하여 혼자서는 이뤄낼 수 없는 일들을 해냈으며, 자유로운 두 손으로 세상에 존재하지 않았던 것들을 창조함으로써 만물의 자연적 흐름에 광범위하게 개입했다.

이렇듯 자연은 인간에게 막대한 능력을 부여했지만 어떻게, 무엇을 위해 사용해야 하는지 구체적 지침은 주지 않은 듯하다. 그저 인간의 생성과 유한성, 무제한적인 사랑과 애정, 그리고 자유 능력을 통해 간접적으로 알려주었다. 이러한 상상력과 지성은 우리에게 다른 사람들을 도울 방법을 생각하는 능력을 부여함과 동시에 그들에게 고통을 가하고, 궁극적으로 우리 자신의 생존 토대(자연)를 위협하는 참혹한 무기 시스템을 개발하게도 만들었다. 말하자면 무한한 능력을 어떻게 발휘할지에 대한 결정의 자유와 대립하게 된 것이다.

그렇기 때문에 심리학을 향해, 그리고 심리학으로부터 제기되는 질문, 즉 '인간은 무엇을 원하는가?'는 근본적으로 개인에게서 끝나는 것이 아니라 우리의 삶과도 깊은 관계가 있다. 우리가 인간의 원초적 동기를 찾아낼 수 있다고 한다면, 자연이 내면적으로 충만한 삶을 위한 지침을 이미 부여했다는 사실을 함축적으로 말해주기 때문이다. 즉, 우리는 인간에게 이로운 것이 무엇인지, 삶을 성공적으로 만드는 것이 무엇인지를 탐색함으로써 그 지침을 찾아내야 한다. 이러한 분석이 옳다면 매우 복합적인 인간의 진화 과정에서 인간의 삶 또한 부분적으로 그러한 방향으로 이어졌을 것이다.

이것은 구체적으로 무엇을 뜻하는 것일까? 우리가 무엇을 인간의 원초적 동기로 기술하느냐에 따라 어떤 목표를 향해, 혹은 어떤 이유에서 이러한 다양한 능력들이 외부적 여건과 내부적 여건이 가장 자유로운 상황에서 우리의 인생행로에 부여되었는지도 기술할 수 있다.

이러한 관점에서는 인간상과 세계상을 확실하게 분리할 수 없다. 동기 이론이 보편타당한 것으로 입증되는 순간, 우리는 인간이 무엇을 원하는지뿐만 아니라 자유로운 속성을 가진 인간이 무엇을 위해 이 세상에 존재하는지도 알게 된다. 말하자면 왜 자연이 이러한 엄청난 위기를 무릅썼는지를 깨닫게 된다.

이에 접근하기 위한 방법은 오로지 상대적인 자유 속에서, 그리고 자유로부터만 생겨날 수 있는 특성과 능력을 살펴보고, 동시에 이것이 다양한 측면에서 자연의 고전적인 결정론을 없앨 수 있는 특성과 능력임을 확인하는 것이다. 지금까지의 분석을 통해 우리는 이 사실을 확인했다. 애정과 연민, 사랑, 우정, 관심 등은 실제로 자유라는 매개 속에서만 나타난다. 이들이 실현되려면 자유가 필요하다. 이와 같은 원칙이 동기 부여 이론에도 적용된다.

이와 관련하여 지금까지 우리는 동기 부여도 자유라는 매개체에 의존하고 있으며, 책임감과 창의적인 의지와 함께 발생하는 모든 인간적인 현상도 자유라는 매개체에 의존하고 있다는 사실을 확인했다. 우리가 인간에 대해 말하는 것이 곧 세상에 대해 말하는 것이다. 인간은 세상의 산물이자 부분이며, 이 세상을 향해 영향력을 발산하고 자신의 독자적인 능력을 통해 다른 방식으로는 불가능한 것들을 이 세상에 만들어낼 수 있다.

무엇이 인간의 행위를 촉진시키느냐는 질문에 대한 대답이 매우 다양하면서도 모순에 부딪히는 이유는 인간상과 세계상 사이의 복합적인 상호작용 때문일 것이다. 이 자체로는 그렇게 문제될 게 없다. 심리학의 몇몇 학설들이 역사적으로 거의 모든 학문적 규율이 한 번쯤은 빠진 유혹, 즉 개별적 현상을 설명해주는 공식을 그 맥락에서 빼내어 더 많은 다른 현상에 적용하려는 유혹에 흔들리지 않는다면 말이다. 이 방법은 그 자체로 볼 때는 학문적으로 적법하다. 어떤 개별 현상을 비교적 단순한 공식으로 설명했다면, 이 공식이 인접한 다른 개별 현상들도 만족시킬지 검토해볼 수 있다. 자연과학에서는 이러한 원칙이 언제나 합당하다고 말하고 있다.

문제는 이러한 방식으로 이론적 흡수에 저항하는 인간의 경험과 행동을 (인간 본성과 특성 때문에 인과적 접근이 내재된 결정론을 붕괴하는 것처럼 보이기 때문에) 특정한 이론들 속에 무리하게 밀어넣으려고 한다는 것이다. 이에 대해 좀 더 설명하기 위해서는 생물학이 생물학주의로 발전한 것을 살펴볼 필요가 있다. 오늘날에는 다양성과 적응성, 선택으로 이루어진 과정이 종의 생성과 발전의 기제라는 어느 정도 일치된 입장을 취하고 있다. 더 많은 후손의 생성, 더 우수한 후손으로의 변이성, 가장 적응력이 뛰어난 변이의 생존과 성공적인 번식이라는 공식은 일반적으로 학문적 모델의 우수한 특성이다. 부분적인 것으로 전체적인 것을 설명해 주므로 이 공식을 보다 복합적인 다른 현상에 적용하는 것은 타당하다. 예를 들어 실제로 이 공식은 약간 변경된 형태로 관념 논쟁에도 적용할 수 있다.[51] 경제 발전의 몇몇 핵심적 측면에도 적용 가능하다.[52]

하지만 약자보다 강자가 살아남는다는 이와 같은 공식으로 인간의 이타적 행동을 어떻게 설명해야 하는지는 명백하지 않다. 유사한 사례에서 관찰된 내용을 전체로 적용하기는 어렵기 때문에 이러한 해명의 빈틈을 이론으로 메우는 것이다.

따라서 해명 수단은 증거에 바탕을 두는 것(생물적)이 아니라 이론에 근거한다(생물학적). 그렇게 해야만 이타적 행동이 생물학적 관점에서 궁극적으로 선택 원칙에 따라 나타난 행동으로 입증된다. 이것은 이타적인 것이 아니라 그저 그렇게 보이는 것이다. 이타적 행동이 본성이 아니라고 가정하는 것이다.[53]

하지만 유감스럽게도 이타적 행동이 본성적이지 않다는 일반적 의혹이 관찰이 아니라 특정한 이론 안에서 설명된다는 사전 결정에 근거한 사실은 명시되지 않는다. 다른 말로 하자면, 환원주의(Reductionism ; 복잡하고 높은 단계의 사상이나 개념을 하위 단계의 요소로 세분화하여 정의할 수 있다는 견해—옮긴이주)는 관찰 데이터가 가끔은 완전히 다른 결론을 가리킬 때에도 이론이 옳다고 판명한다. 즉, 관찰 내용들이 이론과 제대로 일치하지 않을 경우 이론이 조정되는 것이 아니라 관찰 내용이 조정된다. 이를테면 관찰 내용을 가짜라고 폭로하는 식이다. 앞에서 결정론에 좌우되는 피험자들에게 고마움을 표현하는 능력이 떨어지는 것도 유사한 맥락이다. 왜냐하면 그들은 자신에게 호의적 행동을 하는 사람들이 이기적인 동기를 가지고 있다고 가정하기 때문이다.

이러한 가정의 원칙은 프로이트가 원초아Id, 자아Ego, 초자아Super-Ego의 갈등이라는 비교적 단순한 심리분석 알고리즘을 어떻게 문화사, 문학사, 철학, 종교 등과 같은 다양한 현상에 광범위하게 적용시켰는지도 설명해준다. 엄밀하게 말해서 환원주의의 이러한 희화적 요인 때문에 정신분석의 실제적인 복합성과 지적 깊이가 비방당해서는 안 된다. 그렇기 때문에 문제 해결의 열쇠를 근본적인 정신역학적 이론보다는 그러한 다양한 현상들을 심리적 압박이라는 일반적 의혹 아래 두려는 시도에서 찾는다. 즉, 그러한 현상들은 '그럴 수밖에 없으며', 상당히 임의적이고, 어떤 이론을 선택하느냐에 따라 동기가 달라진다. 이러한 설명에 따르면, 아들러 학파의 관점에서는 정치적, 사회적 창조 의지가 본래적으로 인정 욕구일 수도 있다. 이에 따라 어떤 사람이 선한 영향력을 추구하는 이유는 누군가에게는 가치 있는 것으로 인식된 관념이나 프로젝트를 실현하기 위해서가 아니라 자신의 인정 욕구를 만족시키기 위해서다. 그는 선한 것을 추구하기 위해 영향력과 힘이 필요한 것이 아니라, 영향력과 힘을 얻기 위해 선한 것을 필요로 하는 것이다. 그렇게 되면 좋은 것은 더 이상 선한 것이 아니라 우리의 이기심의 변명이 될 뿐이다.

하지만 당사자는 이 사실에 동의하지 않을 것이다. 각각의 심리학 이론의 배경에서 볼 때 그의 '거부'는 이론이 올바르다는 암시 혹은 증거가 된다. 왜냐하면 그의 실제적인 동기는 무의식에서 나온 것이기 때문이다. 이에 따라 그의 거부는 보상이나 승화 기제를 보다 강력하게 암시해줄 뿐이다.

물론 몇몇 소수의 심리학 이론만이 그와 같은 과격하면서도 동시에 학문적으로 의심스러운 환원주의를 따른다는 사실을 추가로 이야기할 필요가 있다. 그들의 이론은 인간의 노력과 행동을 본질적이지 않은 것으로 간주하며, 그 이면에 단순한 충동역학이나 정신역학과 이기주의가 작용한다는 입장을 고수한다. 문제는 대중심리학에서 이러한 이론들이 끈질기게 받아들여지고 있고, 그 영향력이 (의지의 자유에 관한 연구 배경에서 생각해볼 때) 매우 치명적이라는 사실이다. 억압, 노이로제, 보상 심리, 실패, 콤

플렉스와 같은 개념이 인간에 관한 동시대적 담론에서 이상주의, 희망, 치유 가능성, 의지의 자유, 의미와 책임과 같은 개념보다 더욱 쉽게 입에 오르내리고 의심스럽지 않은 것처럼 여겨지는 것도 그 때문이다.

왜 우리는
끊임없이 의심할까

이러한 탈현대적 의구심이 실제 어떤 영향을 미치는지 설명하기 위해 한 가지 예를 들어보겠다. 나는 몇 년 전 함부르크 근처의 한 호스피스에서 죽음을 앞둔 사람들의 심리학적 치유를 위한 학회에 초대받은 적이 있다. 이 학회에서 수많은 자원봉사자들이 죽음을 앞둔 사람들과 함께한 활동에 대해 보고했다. 호스피스의 대표는 개회 연설에서 자신이 몇 년 전 주저하면서 대표직을 처음 맡았을 때까지만 해도 그 일을 하면서 얼마나 많은 것을 배우게 될지 전혀 몰랐다고 말했다(다른 자원봉사자들도 대체로 그와 같이 말했다.). 하지만 이날 호스피스의 대표는 이 말을 하지 말았어야 했다! 왜냐하면 워크숍이 계속 이어지는 동안 심층심리학을 전공한 치료사인 세미나 발표자가 호스피스 대표를 향해 다음과 같이 훈계했기 때문이다. 그는 그녀에게 어떤 뜻으로 그런 말을 했으며, 그 말을 함으로써 우리가 의식하지 못하던 죽음에 대한 막연한 두려움, 무엇보다 죽음을 앞둔 사람들의 두려움을 억압한 것이 아닌지 물었다. 나아가 그는 그녀가 호스피스의 대표직을 수락했다는 사실 자체에 죽음을 통제하고 '관리'하려는 시도가 깔려 있었다는 추측을 내놓았다.

호스피스 대표는 처음에는 매우 놀란 기색으로 아니라고 대답했다. 그녀는 자신이 신앙을 가진 사람으로서 죽음이라는 영역에 대해 매우 조심스러움을 느끼며 죽음을 앞둔 사람들이나 그들의 두려움을 '지배'하려는 생각은 해본 적이 없다고 대답했다. 그녀는 자신에게 맡겨진 환자들이 여생을 평화롭게 보내도록 최선을 다했을 뿐이라고 말했다. 또한 사랑하는 사람들과 함께 맞이하는 평화로운 죽음이 가능하다는 것을 매일 눈으로 확인한다고 덧붙였다. 화해의 의미, 해결되지 않은 것, 끝내지 못한 것의 아름다운 마무리는 그녀가 개회 연설을 하는 동안 말했던 내용 중 하나다.

치료사는 그녀의 대답에도 호락호락하게 넘어가지 않았다. 기억을 되짚어보자면 그는 다음과 같이 말했다.

"물론 당신 스스로 그렇게 믿을 수도 있죠. 저는 당신이 뭔가 다른 말을 할 거라고 전혀 기대하지 않았어요."

그러더니 그는 시선을 돌려 호스피스의 다른 직원들을 바라보았다. 그들 역시 이러한 분위기에서 쉽게 빠져나오지 못했다. 곧 이어 치료사는 호스피스의 전 직원이 죽음에 대한 두려움을 억압하고 있다는 데 의혹을 품고, 현기증이 날 정도로 자신의 논거를 들이댐으로써 자신의 이론이 옳다는 것을 성공적으로 선동할 수 있었다.

치료사는 나와 대화를 하면서 호스피스의 대표를 만나 이야기를 나눈 것이 그날 아침이 처음이었다고 말했다. 그전에는 세미나 자료, 여행 경비 지불, 세미나 수당 등에 대해 그녀와 전자메일을 주고받은 게 전부라고 했다. 말하자면 그는 그녀가 호스피스의 대표이고 학회에 그를 초대했다는 사실 외에는 그녀에 대해 아무것도 알지 못했다. 하지만 그는 다음과 같은 사실에 대해 확신하고 있었다. 즉, 자신이 어떤 치료 이론을 따르는지를 그녀가 알고 있기 때문에 호스피스 활동에 대한 그의 해석 방식도 예측했어야 한다는 것이다. 그는 그녀가 본래적이지 않은, 인식되지 않은 다른 동기를 가지고 있었다는 자신의 의혹이 옳다고 판단했고, 그 '진단'에 따라 그녀의 동기를 '폭로'하기에 자신이 가장 적합하다고 생각했던 것이다.

그러자 나는 더욱 궁금증이 생겼다. 내 눈앞에서 지난 세기의 위대한 관념 논쟁이 펼쳐졌기 때문이다. 다시 말해, 심층심리학에서 주장하는 '무의식적인 동기'와 실존심리학의 전통적 사고에 따른 인간의 참여와 노력에 대한 논쟁이 축소판으로 펼쳐진 것이다. 나는 다음 휴식 시간에 호스피스 대표에게 어떻게 그 치료사를 초대했는지 물어보았다. 그녀는 그저 웃으면서 자기도 하루 종일 그 생각을 했다고 말했다. 그녀가 돌보는 한 환자의 아들이 그의 책들을 추천해주어 알게 되었는데, 솔직히 바빠서 그때까지는 그 책들을 들여다볼(이제는 더 이상 그럴 생각도 없지만) 시간이 없었다고 했다. 하지만 책을 추천한 사람이 그의 연구에 대해 매우 강조해서 말했기 때문에 (처음에는 다른 심리치료사를 초대하려고 했지만) 결국 그를 세미나 발표자로 초대했다고 한다.

그 치료사의 가정은 완전히 잘못되었다. 그는 친절과 배려라는 가면 뒤에 어떤 불순한 동기가 숨겨져 있는지를 폭로해달라고 초대받은 것이 아니다. 정확히 말하자면 호스피스 대표는 그의 연구 논문들을 자세히 살펴볼 시간도 없었다. 하지만 유의미한 동기가 부족한 사람이 자신의 가치를 깎아내리는 회의적인 '진단'에 어떻게 반응할지는 뻔하다. 그 사람은 아마도 깊은 불확실함을 느끼고 자신의 동기와 이상에 의구심을 품게 될 것이며, 환자들을 대할 때도 자신감과 희생정신이 결여될 것이다.

이런 식으로 불순하거나 무의식적인 동기라는 혐의와 가정, 그로 인한 의혹과 그 뒤를 잇는 불확실함, 이러한 불확실함이 유발하는 또 다른 유혹의 악순환은 실제로 매우 쉽게 작동한다. 다시 말해 일반적인 의혹은 원칙적으로 온전하고 건강한, 유의미한 자아상과 인간상을 손상시키고 위험에 빠뜨린다. 빅터 프랭클도 강의에서 이와 유사한 사건에 대해 이야기한 바 있다.(다음 인용은 프랭클의 강의를 그대로 옮긴 것이 아니라 내가 재구성한 것이다.)

아프리카에서 평화봉사단으로 일한 미국인 부부가 있었다. 그들은 2년간 그곳에서 희생적으로 봉사활동을 했고, 그 일이 내면적으로 바라던 일이었다고 생각했다. 그런데 결과적으로 그들은 그 2년에 대해 깊은 좌절감을 느꼈다. 무슨 일이 있었던 것일까?

발단은 다음과 같다. 평화봉사단에서 일하던 사람들은 모두 심리치료를 받았다. 이러한 심리치료는 평화봉사단 활동을 위한 원조 차원에서 이루어졌다. 세 달 동안 자원봉사자들은 정기적으로 집단 치료를 받았다. 집단 치료는 다음과 같이 진행되었다.

심리학자가 참가자에게 질문했다.

"자, 여러분은 평화봉사단 활동에 참여하고 있습니다. 그런데 여러분은 왜 평화봉사단에 참여하셨습니까? 여러분은 왜 여기서 활동하고 계십니까?"

미국인 부부는 이 질문에 이렇게 대답했다.

"우리보다 힘든 사람들을 돕는 것이 중요하다고 생각했어요."

이 대답을 듣고 심리학자는 다음과 같이 말했다.

"그렇다면 두 분은 자신들이 돕고 있는 사람들보다 낫다는 사실을 스스로 인정하는 거군요."

"그렇긴 하죠. 우리는 실제로 그들에게 무엇이 필요한지를 이미 알고 있고 도울 수도 있으니까요. 그렇게 보면 당신 말이 맞다고 볼 수 있어요."

"당신들의 무의식 속에 자신이 우월하다는 것을 다른 사람들에게 보여주고 싶은 충동이 있음을 인정하는 거군요."

"세상에! 우리는 그런 관점에서는 한 번도 생각해보지 못했어요. 하지만 당신은 심리학자니까 당신 말이 옳을 수도 있겠네요."

3개월이 지나자 이와 같은 집단 치료에서 희생정신과 자비심에 대한 장황한 이야기를 들은 자원봉사자들은 낙관주의와 이상이 완전히 깨져버렸다. 사람들은 (인위적인 강박증에 걸린 것처럼) 자신을 관찰하면서 스스로에게 이렇게 질문했다.

'나의 무의식적 동기는 무엇이었을까? 나는 왜 지금 이렇게 행동한 것일까?'

가장 최악이었던 것은 평화봉사단의 직원들도 하나둘씩 이 질문을 추적하고 어떤 행동을 할 때마다 다음과 같이 물었다는 것이다.

"너의 본래적인 동기는 뭐야? 왜 지금 그런 이야기를 하는 거야? 너의 잠재의식이 여기서 말해주는 것은 뭐지?"

결국 사람들은 지치고 사기를 잃었으며 기분이 상했다. 그리고 지금까지 평화봉사단 활동에 참여했다는 사실을 후회했다. 그 심리학자는 분석을 너무 많이 한 나머지 근본적인 어떤 것, 즉 이 사람들의 신념과 이상주의를 파괴했다. 그는 그들의 이상주의를 분석하기보다 그 근거를(그들의 이상주의는 실제로 존재했기 때문에) 물

어볼 필요가 있었다. 하지만 그는 이상주의를 분석하고 나아가 그 것을 파괴했다.[54]

이와 같은 가정이나 의혹 자체가 문제라기보다는 그 근간을 이루는 환원주의가 또다시 화두에 오를 수밖에 없다. 환원주의는 (기껏해야) 타당성의 영역이 제한적인 심리학 이론으로 모든 인간의 경험과 행동을 규명한다. 즉, 의미 추구, 희생정신, 배려, 실존적 선의, 이상주의 등과 같은 현상처럼 '이해할 수 없는' 경험과 행동을 환원주의적 관점에서 의심하고 제한적으로 규명한다는 것이다.

과거 혹은 현재의 이런 월권행위는 정신역학 이론에만 있는 것이 아니다. 이를테면 급진적 행동주의는 지난 세기 중반까지는 인간의 경험과 행동에 대해 완전히 근거가 다른, 그러면서도 포괄적이고 확실한 총체적 이론을 제시했다. 이 이론은 인간의 모든 행동을 개인적 기여의 여지없이 완전히 선행된 학습 결과로 기술했다. 하지만 오늘날에는 신경물리학적 근거에 바탕을 둔 이론들이 등장해 우리의 모든 경험과 결정, 행동의 중심축으로 이용되고 있다. 동기 이론의 관점에서 볼 때 감정을 담당하는 뇌 영역, 특히 변연계Limbic System가 특정 자극이나 행동 가능성에 직면하여 감정적인 속삭임으로 결정하고 행동하도록 우리를 자극한다는 것이다.[55]

여기서 간략히 소개되는 인간의 경험과 행동 모델은 결코 완전하지 않다. 인간은 단순한 인과적 모델로 파악하는 것보다 훨씬 더 복잡한 살아 있는 존재다. 인과적 모델들은 심리학적 혹은 생리학적 특성만을 기술하고 인간을 거기에 가둬버린다. 인간을 누군가로서가 아니라 무엇으로서 기술하는 것이다. 다시 말해 인간을 파악하자고 하면서 결국에는 인간 자체를 잃어버리고 기능적으로 작동하는 하위인격적subpersonal 요소만 기술한다. 어쨌거나 인간 현상을 제대로 해명하지 못하는 이론은 더 이상 인간에 대한 이론이 되지 못한다. 인간에 대한 이론은 인간이 단순한 심리적 · 생리적 특성들의 총체라기보다 자의식, 자유, 책임을 지닌 존재라는 사실을 따르는데, 그렇게 되면 인간은 더 이상 하위인격적이지 않다. 반면, 인간을 하위인격적으로 설명하면, 이것은 더 이상 인간에 대한 이론이 아니다.

비록 여기서 인간의 존재론을 자세하게 논할 순 없겠지만, 이에 대해 좀 더 상세히 이야기할 필요가 있다. 인간에 대한 이론은 단순히 하위인격적 원인과 과정들만을 고려하는 것에서 끝날 수 없다. 정신적이고 인격적인 것으로 접근해야 한다.

이러한 실상은 여러 가지 방식으로 도출될 수 있다. 특히 심리적 제약과 마주한 인간 특유의 자유에서 가장 확실하게 나타난다. 인간은 실제로 인과 사슬의 고리일 뿐만 아니라 시작점이기도 하기 때문이다. 나아가 인간은 자신의 결정에 따라 인과 사슬

밖으로 나올 수도 있고 실체적·심리적으로 미리 결정된 사건의 순서들을 변화시키고, 경우에 따라서는 중단시킬 수도 있다.

이런 능력과 함께 인간에게는 다른 본성들에 비해 비범한 속성을 근거로 한 독자적인 존재 방식이 있다. 이 존재 방식은 철학적 개념으로는 정신적이고 인격적인 것으로 표현되었다. 빅터 프랭클은 정신적·인격적 개념을 심리적인 것과 대립시켰다. 실제로 인간은 심리적 과정의 단순한 총합 그 이상이다. 그렇지 않다면 인간은 이러한 심리적 과정들과 자신의 경험을 대립시킬 수 없다. 게다가 인간은 본질적으로 단순히 원인에 의해 야기된 것 그 이상의 존재다. 그렇지 않다면 인간은 선한 동기를 가지고 이 세상을 향해 영향력을 발휘할 수 없다.

우리는 이러한 사실을 다르게 생각해볼 수 있다. 즉, 절대적인 주체로서 인간은 심리적, 인지적 과정들을 가지고 있는 것이 아니다. 인간은 정신적인 인격체로서 비로소 어떤 것이 아닌 누군가가 된다. 영적·신체적 상태를 느끼고 경우에 따라서는 이를 자유자재로 지배할 수 있는, 나아가 이러한 상태와 자신을 대립시키도록 결정할 수 있는 정신적인 인격체가 되는 것이다.

간단히 요약하면, 지금까지 우리가 본질적으로 인간적이라고 여겼던 모든 것은 단순한 심리학적 결정론의 역학 관계를 뛰어넘는다. 이는 우리 인간이 매우 독자적인 방식으로 제한적이기도 하고 무제한적이기도 한 존재라는 것, 끊임없이 자신을 뛰어넘어서 세상을 지향하는 존재라는 것을 증명한다. 말하자면 신체적·정신적 구조는 제한적이지만 자유를 성취함으로써 이런 구조에 갇히지 않고 자신만의 입장을 취할 수 있는 능력은 무제한적이다. 이러한 본성은 자신의 외부 상황에 제한받지 않는다. 빅터 프랭클은 이와 관련하여 다음과 같이 설명했다.

> 마지막 심급에서… (정신적인) 인간은 (영적) 특성을 결정하며, 이러한 의미에서 다음과 같이 말할 수 있다. 인간은 '스스로' 결정한다. 모든 결정은 자기 결정이며, 자기 결정은 곧 자기 형성이다. 내가 운명을 개척했다면 나라는 인간이 내가 가진 특성을 만든 것이다. 내가 되려는 인간이 '스스로' 만들어낸 것이다.[56]

나의 행복이 세상을 굶주리게 한다면

인간 존재에 대한 많은 질문들이 미해결로 남아 있듯이 의지의 자유에 대한 물음도 여전히 미해결로 남아 있다. 우리가 정신적이거나 인격적인 것을 인정함으로써 결정론을 극복하더라도 무엇이 우리의 의지와 노력을 결정하지 못하게 방해하는지, 무엇이 우리의 의지와 노력을 특정한 방향으로 유도하는지는 불확실하다. 이와 관련하여 동기를 찾는 다양한 이론들이 서로 다른 대답을 제시하고 있지만, 그 근본적 기제는 동일하다. 그 기제는 지금까지의 우리의 논의와 경험적 정황으로 볼 때 오류인 것으로 드러났다. 그렇기 때문에 이론들이 지닌 공통적인 근거를 찾는다면(모든 이론이 다른 만큼 서로 모순을 이룰 수도 있다.) 해답을 찾을 수 있을 것이다. 우리에게 무엇이 결여되어 있는지를 이해하기 위해 우리가 무엇을 원하는지를 알아야 한다는 전제는 우리를 세상의 산물이자 참가자가 아닌, 고립된 현상처럼 다루고 있다. 이 전제에는 이미 우리의 희망과 가치, 양심의 타당성이 결여되어 있다. 또한 이 세상이 단순히 욕구 충족 수단임을 비방하고 있다. 어떤 구체적인 기제가 제시되는지는 중요하지 않다.

어쩌면 질문에 문제가 있지 않을까? 어째서 인간이 '어떤 목적에서' 자신의 재능, 인지 능력과 상상력, 가치 평가, 양심을 세상에 펼쳐보이는지를 물어보지 않을까? 오히려 내면적 결핍, 불편함, 불쾌감에서 벗어나기 위해 '무엇'을 해야 하는지를 먼저 묻고 있다. 그 '무엇' 속에는 긴장 완화에 대한 희망, 욕구 충족이 있고, 궁극적으로는 행복이 담겨 있어야 하며, 적어도 만족 혹은 노동 능력과 같은 좋은 느낌이 담겨야 한다. 이런 경우 인간 존재의 원초적 동기는 결국 우리에게 만족감을 주는 것을 추구하는 것에 그친다. 하지만 진정한 이상과 참여는 이미 처음부터 배제되어 있기 때문에 환원론적인 세계관을 극복하지 못하고 비본질적인 것, 즉 개인적인 것에 머물고 만다.

이런 질문 속에서 전달되는 내용은 임시적 존재로서의 자세와 일치하지 않는다. 말하자면 세상과 깊게 연대되어 있지 않기 때문에 세상만물과 사람들 역시 우리 행동의 본래적인 목표가 아니다. 우리의 행동은 실제로 그때그때 내면의 균형을 복구하거나 욕구를 충족시키는 일을 할 뿐이다. 다른 사람이나 객체를 위한 것이 아니라 자신을 위한 것이다. 이러한 주체가 객체의 자리에 나타난다. 진정한 희망, 의미를 찾기 위한 의지(프랭클), 순전한 이상주의는 그러한 세상에서 물려받을 자리를 찾지 못한다.

이 사실은 냉정히 봤을 때, 그리고 환원주의적 심리학의 모든 방법론적 문제점을 차치하고서라도 희망과 의지, 이상주의의 타당성에 대해 독자적이면서도 중요한 논거를 제시한다. 비교적 재능 있고 영향력이 있지만 결국 자신만을 생각하는 피조물을 제공하는 세상은 배려와 협력 없는 세상이다. 협력 없는 세상은 존립하지 못한다. 그런 세상은 지속적으로 위험에 처한다. 사랑과 관심이 없으면 대자연 속에서 단 며칠도 생존할 수 없는 인간은 아마도 오래전에 멸종했을 것이다. 철학에서는 이러한 식의 증명법을 '귀류법歸謬法'이라고 한다. 이처럼 인간의 삶 자체와 삶의 영역을 근본적으로 위협하는 메커니즘을 통해 인간의 삶을 규명하려는 이론은 명백히 지속가능한 이론이 되지 못한다. 또한 인간과 세계와의 관계를 다룰 때, 인간을 인격체가 아닌 하나의 사물로 대체하고 세계를 욕구 충족을 위한 단순한 수단으로 강등시키는 이론 역시 매우 믿을 만하지 못하다.

이제 '동기 이론'이 처음부터 환원주의를 제시하려는 것이 아니라 오히려 우리가 무엇을 진정으로 원하며 무엇이 우리에게 충만함을 주는지에 대한 이해에 초점을 맞추고 있다고 주장할 수 있다. 그리고 그런 '욕구 이론'이 필연적으로 환원주의가 될 수밖에 없다는 사상에 비추어볼 때, 인간이 자신의 행복을 추구하기 위해 행동한다는 핵심 사상을 유지하고 이를 좀 더 자세히 연구하고 싶을 수도 있다.

하지만 흥미롭게도 자신의 행복한 감정을 추구하는 것이 그 자체로 유의미하고 장려할 만한 일인지, 그러한 것이 정말로 행복으로 이어지는지에 대한 질문은 제시되지 않고 있다. 행복한 감정을 직접적인 목표로 삼을 수 있을까? 행복한 감정을 의도적으로 꾀할 수 있을까?

우리는 정말로 행복을 원하고 있을까

이 질문에 대해서는 두 가지 방식으로 대답할 수 있다. 첫 번째 방식은 완전히 현상학적이다. 만물의 현상, 즉 세심하고 일목요연한 관찰을 통해 만물이 어떤 모습을 드러내는지를 관찰하는 것이다. 만약 우리가 의지와 노력만으로 단번에 감정을 만들어 내는 것이 쉽다면 적지 않은 심리치료 기관들이 쓸모없게 될 것이다. 빅터 프랭클은 의도적 감정에 대해 다음과 같이 기술했다.

> 우리가 뜻대로 되지 않는 현상들도 존재한다. 이를테면 나는 뜻대로 믿게 할 수 없고, 뜻대로 사랑하게 할 수 없고, 뜻대로 희망하게 할 수 없고, 뜻대로 바라게 할 수 없다. 이러한 혹은 이와 유사한 현상들은 조작될 수 없다. … 누군가가 '의도적 감정'(막스 셸러)

을 강요함으로써 자신을 조작한다면 그는 그 감정이 향하고 있던 의도적 대상을 놓치게 된다. 만약 그 감정이 초기에 제압되고 억눌림을 당했다면 말이다. 나는 이것을 일상적인 현상에 의거하여 설명하고 싶다. 이를테면 내가 누군가를 웃게 하려면 그에게 원하든 원치 않든 재치 있는 말을 해야 한다. 나는 직접적으로 '감정 상태'(막스 셸러)를 목표로 삼는 것이 아니라 적합한 대상을 겨냥해야 한다. 그래야 감정이 자동적으로 생겨난다.[57]

이에 따라 감정인지 연구 역시 일상적 경험과 마찬가지로 감정이 반응이라는 사실을 보여준다. 행복을 경험하려면 우리의 행복은 어떤 원인이 있어야 한다. 배우자와의 사랑을 경험하려면 사랑할 만큼 소중한 누군가를 경험해야 하며, 이러한 사랑을 감정적으로 받아들일 준비가 되어 있어야 한다. 또 어떤 것을 믿을 수 있으려면 그것이 믿을 만한 것이어야 하며 우리는 이 믿을 만한 대상에 신뢰의 한 부분을 내보일 준비가 되어 있어야 한다.

예를 들어 배우자와의 사랑이 직접적으로 의도할 수 있는 것이라면, 그리고 누군가를 사랑해서 감정이 생기기를 단지 바라기만 해서 된다면 우리의 삶은 훨씬 간단해질 것이며, 부부 상담이나 부부 치료는 수요도 없고 불필요해질 것이다. 하지만 사랑이라는 스위치가 의지의 명령에 따라 꺼지고 켜지게 된다면 그 사랑은 얼마나 메마르게 될까? 이러한 현상은 근본적으로 상대에게서 입증되는 것이 아니라 정말로 자기중심적인 것이다. 그렇게 되면 상대는 더 이상 배우자가 아니며, 자기중심적 편협함에서 나온 '자기'일 뿐이다. 상대는 원칙적으로 우리의 의도대로 이런저런 방향으로 유도할 수 있는 감정의 대상일 뿐이다. 이러한 양상이라면 사랑은 훨씬 단순하고 빈약할 것이다. 더 이상 사랑이라고 할 수 없다. 사랑은 한 사람이 아니라 적어도 두 사람에 의해 좌우되고, 그리고 우리의 직접적인 지배를 받지 않고 생겨난다. 우리가 사랑의 지배를 받고 있다. 사랑은 위험하고 좋은 의미에서 모험적이다. 자발적인 동의하에 이러한 위험을 감수하고 사랑할 준비가 되어 있다는 것은 이미 환원주의 관점에서 인간에게 부과된 자기중심적 편협함에서 벗어났다는 증거다.

희망도 마찬가지다. 우리가 희망을 바라기는 하지만 바라는 만큼 희망을 만들어내지는 못한다. 근거 없는 희망일지라도 우리가 믿는 대상이 신뢰할 만하다는 믿음 속에, 그리고 이 세상에서 그것을 인지하고 받아들이는 우리의 마음속에 확실하게 뿌리를 내린다. 그렇기 때문에 근거 있는 정당한 희망은 적어도 우리가 두려워하는 것처럼 희망이 생겨나는 과정이 그렇게 불쾌하지 않을 수 있다는 증거가 필요하다. 믿음과 사랑처럼 희망도 의지의 명령에 따라 발생시킬 수 없다. 반대로 단순히 자신의 의지에 기인하는 믿음이나 사랑, 희망에는 근거가 결여되어 있다. 근거가 결여되어 있다면 믿음이나 사랑, 희망은 그 핵심적 특성을 상실한다. 믿음, 사랑, 희망이라는 각각의 현상은 자체적으로 생겨나는 것이 아니기 때문이다. 다시 말해 내적·심리적 동인으로만 생겨나는 것이 아니라, 우리 자신의 외부에 존재하는 어떤 것과의 만남이 결정적인 영향을 미친다.

실제로 긍정적이고 추구할 만한 가치가 있는 상태는 우리가 직접적으로 추구한다고 해서 생겨나지는 않는다는 것이 일반적으로 입증되고 있다. 그러한 상태는 대상이라는 '우회로'를 통해서만 도달할 수 있다. 빅터 프랭클도 성적 노이로제Sexual Neurosis와 관련하여 이를 설명했다. 예를 들어 심인성 발기부전이나 불감증은 과도한 의지, 과잉 의도Hyper-Intention에 기인한다는 것이다. 환자의 문제는 성적 능력의 결핍이 아니다. 오히려 그들이 성적 쾌감을 위해 지름길을 선택하고 파트너를 자신의 욕구 충족을 위한 수단으로 이용함으로써 자신의 성적 능력을 보일 수 있다고 믿는 것이 문제다. 그들은 자유롭게 배우자와의 사랑에 자신을 맡기는 대신 경직된 상태에서 자신을 감시한다. 그 결과는 충분히 예측 가능하다.

> 성적 노이로제 환자는 무언가를 얻기 위해 온 힘을 다한다. 그리고 정력과 오르가슴이라는 형태로 자신의 성적 쾌감을 얻으려고 한다. 하지만 유감스럽게도 쾌감이 중요해질수록 그 쾌감은 점차 사라진다. 말하자면 쾌감은 직접적으로 붙잡을 수 없다. 쾌감은

> 우리 행동의 실제적인 목적도 아니고 가능한 목표도 아니기 때문이다. 오히려 쾌감은 실제로 우리가 자기초월을 경험할 때, 우리가 다른 사람을 사랑하거나 어떤 일에 몰입할 때 저절로 생겨나는 작용 또는 부작용이다. 하지만 우리가 상대를 더 이상 파트너라고 생각하지 않고 그저 쾌감의 대상이라고 생각하는 순간 쾌감을 위한 우리의 의지 역시 자신에게 방해 요소가 된다. 자기 조작이 실패한 것이다. 쾌감과 자기실현으로 나아가는 길은 자기 몰입과 자기 망각을 통해서 이어진다. 이러한 길을 우회로라고 간주하는 사람은 지름길을 선택하고 쾌감을 목표로 삼고 그것을 향해 나아간다. 하지만 그 지름길은 막다른 길임이 입증될 것이다.[58]

여기서 말해주는 교훈은 다음과 같다. 즉, 가치 있는 삶을 실현하는 모든 과정은 자기중심적 노력을 그만두고 삶에 개입하려는 의지의 부수적 효과이며, 강요될 수 없다는 것이다. 그것은 합리적 과정의 결과일 뿐이지 목적이 아니다.

일반적인 동기 이론을 살펴보면 다음과 같은 사실을 확인할 수 있다. 우리가 바라는 행복의 근거가 무엇인지를 무시한 채로 강제적으로 행복을 추구하려고 한다면 결국 원했던 것을 얻지 못한다. 다시 말해 순간적 감정만을 좇다가 행복을 놓치게 된다.

너무 많은 것을 바라는 사람들

1960년대 말과 1970년대 초에 옥스퍼드대학과 케임브리지대학에서 비자발적 집단 실험을 수행했다. 이 실험은 두 대학의 정신과 전문의와 심리학자들이 새로운 진단학적 현상을 갑자기 발견하면서 시작되었다. 상담을 원하는 대학생들이 그때까지는 주로 학습 문제나 동기 결여 문제, 시험에 대한 두려움, 연구 논문이 거부될 수도 있다는 두려움, 친구들 간의 갈등에 대해 이야기했다면 1년 사이에 발기부전 때문에 심리치료를 원하는 남학생들의 수가 급격하게 증가했다. 처음에는 영문을 알 수 없었다. 특히 인문학 계열 학생들 사이에서 심인성 성적 장애가 눈에 띄게 나타났는데, 심리학자들은 그 원인을 탐색한 끝에 실마리를 찾게 되었다. 그해에 두 대학에서 빌헬름 라이히Wilhelm Reich의 성 정치적 저서를 읽는 독서 모임이 결성되었다. 지그문트 프로이트의 제자이자 성과 정치사회적 발전(성 혁명)을 관념적으로 결합시킨 사람으로 잘 알려진 빌헬름 라이히는 자신의 저서에서 오르가슴 능력과 정치사회적 발전이 긴밀한 관계가 있다고 보았다. 이러한 해석은 개인의 정신적 발달, 신체적 건강과 함께 '사회적 유기체의 치유'도 근본적으로 사회 구성원의 오르가슴 능력에 달려 있다는 데까지 확대되었다. 자유롭고 새로운 사회질서, 파시즘의 완전한 극복과 세계평화의 가능성은 (이 저서를 진지하게 받아들이고자 한다면) 개인의 오르가슴 능력에 달려 있다는 것이다.

개인적이고 걱정 없는 사랑의 행위가 갑자기 세계정치의 무대로 옮겨지고 개인의 정신적 발달과 사회적 평화의 도구 역할을 한다는 말에 사람들은 불안감을 느꼈다. 물론 이 학생들도 자신의 오르가슴 능력을 입증하기 위해 노력했다. 하지만 그러한 교화에 취약하고 더 진지하게 받아들이는 경향이 있는 성실한 사람들은 유감스럽게도 과잉 의도의 방해로 자율신경계가 위축되는 사람들이기도 했다. 그 결과는 뻔하다. 그들은 경직된 상태에서 자신의 쾌감을 지속적으로 기다렸지만 쾌감을 얻지 못하고, 자신과 자신의 느낌(좌절감)에 과도하게 몰입함으로써 결국 자신이 짜맞춘 감옥 안에 갇히게 되었다.

"누군가에게 쾌감이 중요해질수록 그 쾌감은 점차 사라진다."

옥스퍼드대학의 치료법 혹은 해결책은 그들에게 일단 독서 모임을 바꾸거나 다른 책을 보도록 권하고, 필요하다면 빌헬름 라이히의 오르가슴 이론을 뒷받침할 만한 확실한 정보를 수집해보라고 권했다. 말하자면 근본적으로 계몽을 하는 것이다. 심리적으로 학생들의 지나친 기대와 경직 상태를 이완하는 것이다. 학생들에게 성적 문제가 그들의 '성격 갑옷Charakterpanzer(이 단어는 라이히의 저서에서 그대로 차용한 것이다.)'을 천천히 침투하고 있으며, 해방의 성 정치적 프로그램이 서서히, 하지만 꾸준히 작용하여 긍정적 발전이 이뤄지고 있다고 말해주는 것이다. 따라서 자신의 오르가슴 능력이 일시적으로 위축된다고 염려하기보다 오히려 이를 '좋은 일'이라고 받아들이면 몇 달 후 다시 성적 능력을 회복할 것이라고 했다.

학생들은 자신의 긴장과 지나친 기대, 관념적으로 주입된 억압과 경직 상태를 그만두는 순간 성적 능력이 다시 정상이 될 것이라 기대할 수 있었다. 유감스럽게도 옥스퍼드대학 학생들의 발기부전이 사라지는 데 궁극적으로 무엇이 기여했는지는 확실하지 않다. 독서 모임 참가자들이 라이히의 프로그램을 실행에 옮기지 못하는 자신의 무능력에 좌절하고 스스로 독서 모임을 외면했기 때문일까? 아니면 계몽적인 심리치료 덕분일까? 아니면 라이히의 이론을 추종하던 학생들이 그의 이념에 크게 동요했기 때문일까? 다시 말해 대부분의 학생들이 철학적, 정치적인 부분에 관심을 돌리면서 정상적인 성적 능력을 되찾았기 때문일까?

나의 박사 논문 지도교수이자 빈대학교 심리학과 교수였던 기젤헤어 구트만Giselher Guttmann은 나에게 이와 유사한 비자발적 현장 실험에 대해 설명해준 적이 있다. 그 당시 구트만 교수는 경험, 특히 심층적 완화 상태의 신경생리학적 상관관계 연구의 선구자 중 한 명이었다. 심층적 완화 상태의 상관관계를 포착하기 위해 그의 연구진은 완화 상태의 피험자와 비완화 상태의 피험자를 무작위로 대거 추출해서 비교측정 실험을 수행했다.

피험자들은 자발성 훈련이나 특정한 명상기법을 습득한 사람들이었다. 실험실에서 그들은 (뇌파검사 기구와 다른 측정 기구에 연결된 상태로) 얼마나 깊게 완화될 수 있는지 보여주는 실험을 하겠다는 설명을 들었다. 측정 시간은 약 10분이었다. 비교 집단은 임의적으로 선출된 대학생들로 구성되었다. 측정은 중간 정도의 흥분 단계에서 정상적이고 일상적인 의식 상태의 기준치를 포착해야 했다. 그런데 놀랍게도 초반의 여러 실험 후에 명상에 능숙한 사람들과 비완화 상태의 통제 집단을 측정한 데이터 차이가 거의 없고, 심지어 몇몇 검사에서는 스트레스 상관관계가 비완화 상태의 통제 집단보다 명상에 능숙한 사람들에게 더 높게 나타났다는 사실이 드러났다.

실험은 며칠에 걸쳐서 반복되었는데, 한 연구실 조교가 흥미로운 사실을 관찰했다. 즉, 실험자가 완화 상태의 피험자들에게 측정이 이제 끝났고, 완화 상태에서 벗어나 자신의 원래 상태로 되돌아갈 수 있다고 말하자 그 순간 갑자기 실험 때보다 훨씬 더 높은 완화 수치를 보였다는 사실이다. 실제로 이러한 모순적인 결과는 매일 반복적으로 나타났고, 그 원인이 드러났다.

완화 상태의 피험자들은 특정한 호흡기법과 자기암시를 통해 이완 상태를 만드는 데 능숙하기는 했다. 하지만 실험실에서 조교의 지시에 따라 뇌파 기기나 사이코갈바노미터Psychogalvanometer와 같은 관찰 장치에 연결된 상태로 이완 상태를 입증해야 한다는 사실은 그들로 하여금 완화를 위해 더욱 노력하게 만들었다. 그 결과 제대로 완화되는 것이 아니라 경직 상태가 되었다. 실험이 끝났고 다시 '정상적인' 행동을 할 수 있다는 말을 들었을 때 비로소 명상에 능숙한 사람들은 그렇지 않은 통제 집단에 비해 전체적으로 더 완화된 상태를 보였다.

일부 임상적 양태를 심리치료 요법에 따라 치료하려고 할 때 과잉 의도 현상은 매우 중요한 역할을 한다. 그 내용을 상세하게 논의할 순 없지만, 여기서 보고되는 현상의 타당성을 확인하기 위해서는 과잉 의도의 원칙이 견고하고 확실하게 기능한다면 장애가 되는 경험이나 행동 방식을 제어하기 위해 그 원칙을 투입할 수 있다는 사실이 간단하게라도 언급되어야 할 것이다.

빅터 프랭클은 우리의 감정과 경험 방식의 구성 성분이 직접적으로 의도될 수 없을 뿐만 아니라 과잉 의도의 방해를 받는다는 사실을 바탕으로 다음과 같은 치료법을 투입했다. 즉, 그는 지나친 불안감이나 강박적 사고 및 충동에 시달리는 환자들에게 지금까지 그랬던 것처럼 헛되이 이러한 충동과 맞서 싸우지 말고 그것을 스스로 소망해보라고 충고했다.[59] 그렇게 할 경우, 그것과는 정반대의 것이 생겨날 수 있다. 즉, 증상이 나타나길 바라면 곧바로 증상이 사라진다는 것이다. 실제로도 그런 일이 일어났다. 프랭클의 '역설적 의도Paradoxe Intention'라는 이 방법은 오늘날 우리가 수많은 연구를 통해 알아낸 것처럼 단기간에 매우 강력한 효과를 발휘한다. 불안장애와 강박장애를 치료하는 다른 치료법들은 지금까지 이러한 강력한 효과를 보이지 못했다.[60] 역설적 의도의 근본적인 작용 기제는 역설만이 아니다. 이보다 더 본질적인 요인은 당사자의 편안한 기분과 조소적 태도다. 이를 통해 과잉 의도를 근본적으로 완화시킬 수 있다.

우리는 여기까지 순전히 심리학적 관점에서 많은 것을 요약해 보았다. 하지만 실존적인 문제에 대해서는 아직 전혀 이야기하지 못하고 있다. 우리의 삶이 '쾌'를 추구하고 '불쾌'를 피하려는 노력에 일차적으로 방향이 맞춰져 있다면, 그러한 노력은 효과도 없을뿐더러 우리의 기대와는 정반대의 것이 야기된다. 다른 말로 표현하자면 행복과 충만함으로 가는 '지름길'은 존재하지 않는다. 오히려 그러한 지름길은 프랭클이 표현한 것처럼 막다른 길로 판명된다. 이 사실은 다른 측면에서도 입증된다. 즉, 인간 존재는 경험적 측면에서뿐만 아니라 생물학적, 심리학적 기능과 정신적 인격 측면에서도 다양하고 복잡하게 규정된다. 인간은 애초부터 혼자서는 존재하지 못하며 세상과 접촉(세상에 대한 관심)을 하면서 존재가 입증되도록 정해져 있다.

우리는 지금까지 이러한 정황을 다양한 맥락 속에서 발견했다. 따라서 무관심의 극복은 사회적, 도덕적 계명일 뿐만 아니라, 실존적 해답이기도 하다. 우리가 우리의 존재를 발견하는 여행을 시작할 때 "어떻게 하면 행복해질 수 있는가?"라는 질문을 제기했다면 그 대답도 이미 주어졌다. 즉, 우리가 세상을 좀 더 넓게 볼 때, 그리고 다른 사람들, 세상에 존재하는 것들, 그럴 수 있는 것(자유), 그래야만 하는 것(의미와 책임)과 우리를 결합시킬 때 그 답을 찾게 된다. 우리는 사라졌다고, 혹은 망각되었다고 믿었던 꿈과 희망, 이상주의를 다시 우리의 삶 속으로 받아들이고 주요한 행동 요인으로 삼아야 한다. 그래야만 (여전히 많은 것을 이해하지 못하고 항상 의심을 품기는 하지만) 삶이 얼마나 풍요롭고 아름다운지 알게 된다. 그리고 이 책의 시작 부분에서 인용된 성악가 플로렌스 포스터 젠킨스의 말처럼 우리가 노래를 못 부르기는 하지만 최소한 시도는 했다고 말할 수 있을 것이다. 그래야 좋은 경험들을 많이 할 수 있다.

세상에 이로운 것(무관심의 극복)은 결과적으로 우리에게도 이롭다. 단순한 자기 이해관계에 좌우되지 않는다면 충분한 자원과 내면의 풍요로움을 발견할 수 있을 것이다. 그렇지 않으면 그 풍요로움은 영원히 감추어진 채 밀봉되어 있게 된다. 만약 인간 존재가 오로지 감정의 양극 사이에서만 움직인다면 가치 있는 일들을 얼마나 행할 수 있을까? 단순한 감정을 따르는 삶의 모델이 얼마나 불충분한지, 그리고 환원주의적 인간상이 인간이 지닌 실제적인 영역과 깊이, 실존적 의미를 얼마나 놓치고 있는지는 철학의 인접 학문인 심리학이 어째서 다음에 기술되는 현상들을 제대로 다루지 못하는지를 탐구해보면 알 수 있다.

> 우리는 한 번도 본적이 없는 러시아의 호랑이들이 멸종되지 않는 것에 대해 어떤 이해관계를 가지고 있는가? 예술가가 자신의 체력과 나이를 고려하지 않고 사람들이 알아보지 못하는 작품에 심혈을 기울이는 것은 어떤 이해관계에서일까? 혹은 어떤 사람이 듣기 좋은 거짓말로 위로를 받기보다 무자비한 진실일지라도 파헤쳐 알려고 하는 것은 어떤 이해관계 때문일까?[61]

우리는 이러한 현상을 관찰할 때 근본적으로 더 넓은 의미의 지평에서 바라본다. 여기서 이야기되는 이상주의는 '쾌-불쾌'의 영역 바깥에 존재할 뿐만 아니라, 나아가 우리를 이기주의라는 폐소공포증의 나라로부터 해방시킨다.

7장

진정한 의지와 삶의 감격

무감각 상태에서 우리를 깨어나게 하는 가장 인간적인 방법은
'자기 자신'에게 머물러 있는 것이 아니라, 사랑하는 대상을 지속적으로
시야에 두는 것이다. 이러한 토대는 우리를 다시 삶과 결합시킨다.

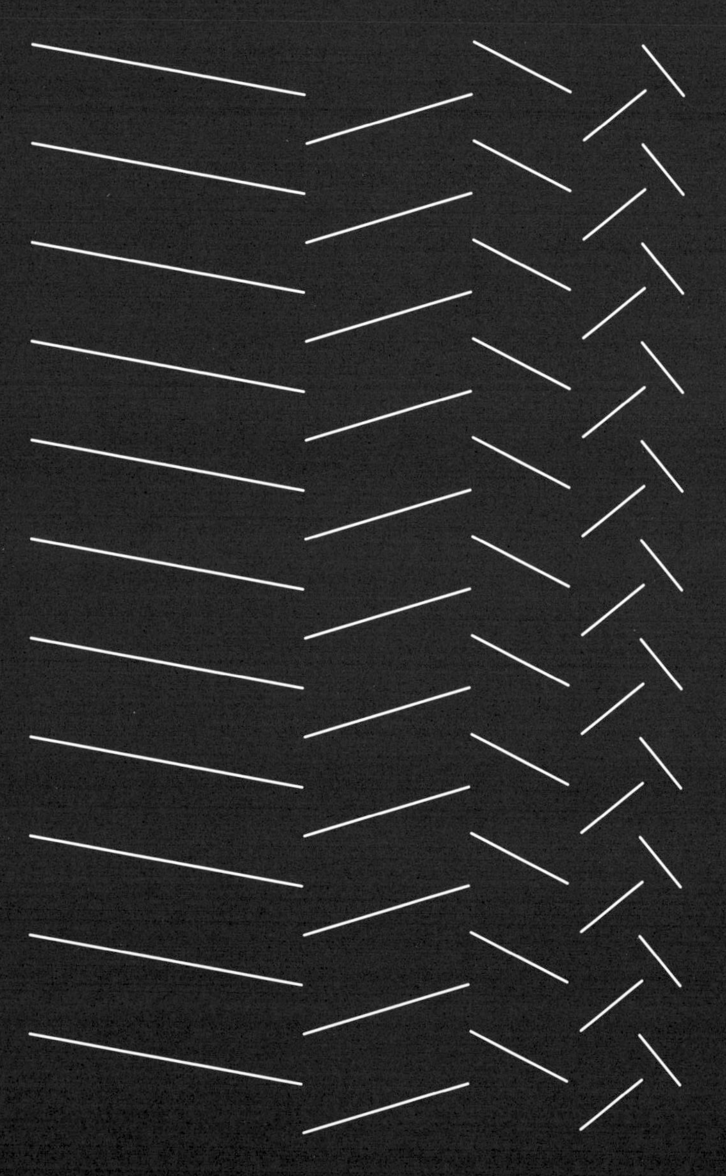

감정 자체가 목적이 될 수 없다

지금까지의 논의를 통해 '쾌-불쾌' 동기 모델이 심리학적으로 부적절하고 기대를 충족시키지 못할 뿐만 아니라 단순하고 비현실적이라는 점이 드러났다. 또한 이 동기 모델은 인간의 실존적 의미와 세상의 요구를 놓치게 함으로써, 이 세상에서 안전하게 살아갈 수단을 우리에게 제공하지 못한다. 왜냐하면 이 모델은 현실에 존재하지 않는 세계를 약속하고 요구하기 때문이다. 그러한 세계 속에서 도전은 부담이고, 사람들은 이 세상과 다른 사람들이 자신에게 어떤 것을 줄 의무가 있다고 믿는다. 이는 루돌프 알러스가 말한 '신경증 환자의 세계'다.

우리가 과거에 감수한, 피할 수 없는 것이라고 인정했던 모든 양상의 갈등과 어려움을 오늘날 많은 사람들은 행동을 지나치게 간섭하는 요인으로 생각한다. 그들은 편안한 인생을 살 권리가 있다고 여기기 때문에 갈등을 인간 현실의 불가피한 순간으로 보지 않고 증상으로 본다. 그들은 (어느 정도만 중대한 결과를 낳는) 모든 결정에 수반되는 책임을 기피하고 결정을 다른 사람에게 떠넘긴다. 그들을 신경증 환자로 간주해야 하는지, 아니면 그러한 진단 속에서 자신이 초래한 무능력에 대한 용서를 구하고 치료를 통해 자신의 욕구와 비겁함 사이의 타협점을 발견하는 사람들로 간주해야 하는지 말하기란 쉽지 않다.[62]

환원주의적 인간상으로 세계상을 규명할 경우, 욕구(기대와 요구)와 불쾌한 모든 것을 피하는 것은, 결과적으로 어떠한 대가를 치르더라도 불행을 피하도록 유인할 것이다. 왜냐하면 '쾌-불쾌'의 관점에서는 당연히 불쾌한 것, 불편한 것, 동요되는 것, 존재적으로 불확실한 것들이 좋은 감정을 추구하려는 노력을 망치는 주요 요인이기 때문이다.

그런 회피는 불편한 감정을 주는 모든 것이 무조건 심리학적 혹은 객관적으로 바람직하지 않다는 그릇된 전제에서 출발할 때만 필요하다. 슈페만Spaemann은 그런 시각이 얼마나 제한적인지를 앞에서 인용했던 세 가지 질문으로 명료하게 포착했다. 이제 그 흔적을 따라 우리 삶의 본질 속으로 더 깊이 파고들어가 보자.

우리는 다른 사람들과 세상에 이로운 것을 추구할 때 인간만을 생각하는 배타성으로부터 스스로 벗어나야 한다는 사실을 알게 되었다. 이로 말미암아 우리의 인간상이 세상을 우리의 책임을 검증하는 장소가 아니라, 오로지 감정의 검증 장소로만 보게끔 결정하는 분기점에서 귀로를 발견한다.

우리는 이미 아주 많은 것을 보았다. 즉, 자신의 행복을 찾는 사람은 행복의 근거를 발견해야 하며, 충만함을 찾는 사람은 존재 가치를 부여하는 무언가를 행해야 한다. 행복과 충만함은 그것의 근거에 기인하지만, 그 근거가 행복과 충만함은 아니다.

상황적 감정과 대상적 감정

철학자 막스 셸러는 이와 관련하여 상황적 감정과 대상적(의도적) 감정으로 구분했다. 이 구분은 일상에서 우리의 감정을 올바로 들여다보기 위한 유익한 수단이자 중요한 열쇠가 된다. 막스 셸러의 표현에 따르면, 상황적 감정은 어떤 것 '때문에' 생기며, 대상적 감정은 어떤 것에 '대해' 생긴다. 전자는 감정적 '상태'를 말하며, 우리가 그 감정을 경험하는 대로 기술한다면 이미 그 자체로 완전하다. 여기에는 환원주의적 동기 이론(알러스에 따르면 신경증 환자 역시)에 의거하여 우리의 결정과 행동의 목표가 되는 기분 좋은 감정들이 속한다. 반면, 대상적 감정은 항상 '대상'과 관련이 있다. 그 대상은 단순한 감정의 '외부에' 존재하는 어떤 사물 혹은 어떤 사람이다. 대상적 감정은 대체로 '의도적인' 근거에 바탕을 둔다.

이러한 두 가지 감정 양상은 단순한 현상 이미지에서 출발할 때, 다시 말해 감정의 객체가 아니라 감정을 느끼는 주체만을 고려할 때 항상 성공적으로 구분되는 것은 아니다. 처음에는 아주 유사하게 느껴질 수 있으며, 그 본질과 근거에 따라 거의 구분하기가 어려울 수 있다.

두 감정 양상이 쌍으로 나타나는 공격성(상황적)과 분노(대상적)를 예로 들 수 있다. 공격성은 가슴속에 쌓여 있는 공격적이고 격앙된 부정적 감정이다. 공격성의 원인은 각각 다를 수 있으며, 그에 따라 다루는 방식도 매우 다르다. 이를테면 (그렇게 하는 것이 필요하다고 생각되면) 베개를 두들기거나 음악을 듣거나 발로 바닥을 쿵쿵 굴러대면서 '화를 누그러뜨릴' 수 있다. 공격성을 어느 정도 성숙하게 다루는 방식이라고 볼 수 있다. 압박감을 해소하는 데 우리에게 도움을 주는 모든 대상이나 행위가 우리 자신과 다른 사람에게 해를 가하지 않는 한 (우리가 공격성의 압박을 무조건 해소해야 하거나 해소할 수 있다는 논거가 정말로 옳다면) 충분히 좋은 것이다.

그러나 분노는 다르다. 이 감정 역시 주관적으로 경험된 공격성과 흥분을 동반하고 나타나지만 결정적인 차이가 있다. 즉, 분노에는 그 대상이 존재한다. 출발점과 목표점이 있다. 말하자면 목적의식이 있는 것이다. 우리는 어떤 것 혹은 어떤 사람에 대해, 예를 들면 국민을 굶주리고 시달리게 하며 자유로운 의사표현을 제한하는 정치 체제에 분개한다. 이와 관련하여 빅터 프랭클은 다음과 같이 기술하고 있다.

> 이미 언어에서도 의도적 감정으로서의 '정당한' 분노와 단순한 상황적 감정으로서의 '맹목적인' 증오를 매우 섬세하게 구분하고 있다.[63]

엄밀히 따져서 분노가 무엇과 관련이 있는지 이해하지 못한다면 분노 자체를 이해할 수도 없다. 즉, 이러한 기분을 더 이상 느끼지 않으려고만 한다면 감정뿐만 아니라 분노의 대상도 놓치게 된다. 이유는 뭘까? 우리가 오로지 기분에만 몰두하고 감정(대상적 감정)이 단순한 경험을 떠나 그 이면에 내용과 근거를 가지고 있다는 사실을 간과한다면 아무 문제도 해결되지 않기 때문이다. 대상적 감정은 잘못된 것에 대한 주의를 환기시키고 그것을 경험하는 사람뿐만 아니라 어떤 사람이나 대상을 향한다. 다시 말해서 우리가 그것을 단지 느낌으로만 인식하고, 그 배후에 존재하는 근거를 무시한다면, 대상적 감정이 우리에게 제기하는 지시와 요구를 정당하게 평가하지 못한다는 말이다.

다음에 기술되는 내용은 상황적 감정과 대상적 감정을 잘못 구분할 때 우리가 얼마나 이기적이 될 수 있는지를 설명해준다. 몇 년 전 내가 20세기 초반 심리학의 관념사를 연구할 때 우연히 한 생활철학 잡지를 보게 됐다. 1940년 베를린에서 출간된 잡지였다. 잡지의 머리기사는 〈휴식 없는 시대에 휴식을 찾다: 이것이 가능할까?〉라는 제목을 달고 있었고, 정치사회적으로 매우 동요하는 시대에 '평온함을 유지'하도록 도와주는 다양한 호흡법과 요가 동작을 기술하고 있었다.[64]

이제 다음과 같은 질문을 할 수밖에 없다. 1940년대 베를린에서는 수천 명의 유대인과 정치적, 종교적으로 박해받은 우리의 이웃들이 처음에는 그들의 권리를, 그다음에는 그들의 일자리와 생존권을 상실했다. 상황적 관점으로만 본다면 평온함을 유지하는 것이 가능할 것이다. 하지만 대상적으로 관찰해보면 누가 이와 같은 불안한 시대에 평온함을 찾을 수 있겠는가? 1940년대의 베를린은 문명이 타락했고, 평온함을 찾을 수 있는 곳이 분명히 아니었다. 도덕의식이 반란을 일으키고, 책임의식이 가장 동요하는 장소였다. 아무도 영웅이 되지 못하고 자신의 대문 앞에서 권리를 박탈당한 사람들을 어떤 방식으로든 돕지 못하는 그 시대의 사명은 강인함과 결단력을 찾는 것이었다.

대상적 감정을 염두에 둔다는 것은 무관심하게 자신의 행복만을 추구하는 것이 아니라 세상과 다른 사람들을 존중하고 그들에게 관심을 가지는 것을 의미한다. 다시 말해서 무관심의 극복은 현실을 대가로 그때그때의 안락한 상황적 감정으로 우리를 유인하는 이기주의를 극복한다는 것을 의미한다. 또한 어떤 일이 그럴 만한 가치가 있을 때, 말하자면 행동을 촉구할 만한 가치가 있을 때는 불쾌한 감정을 견뎌내는 것도 의미한다. 빅터 프랭클은 이와 관련하여 다음과 같이 표현했다.

> 불행으로부터 시선을 돌리거나 이에 무관심하려고 노력하는 사람은 문제를 해결하지 못하며, 어떤 불행도 제거하지 못한다. 그가 제거하는 것은 불행에서 비롯된 단순한 결과다. 즉, 불쾌라는 단순한 감정 상태를 없앨 뿐이다. … 그는 현실에서 달아나려고 노력한다. 이를테면 도취 상태에 빠져든다. 이로 말미암아 그는 주관적이고 심리적인 실수를 범한다. 무감각으로 감정을 침묵하게 만들면 그 감정의 대상이 마치 세상에서 사라질 것처럼 행동하는 실수, 불확실하다고 생각한 것을 비현실로 추방할 수 있을 것 같은 실수를 저지르는 것이다. 하지만 똑바로 쳐다본다고 해서 대상이 생겨나지 않듯이 시선을 돌린다고 해서 대상이 사라지는 것이 아니다. 마찬가지로 슬픔이라는 감정을 억압한다고 해서 슬픔의 상황을 없애지는 못한다.[65]

따라서 대상적 감정에서는 일차적으로 감정 자체를 관찰하는 것, 말하자면 그 감정이 얼마나 기분 좋게 혹은 불쾌하게 느껴지는지에 따라 판단하는 것이 중요하지 않다. 오히려 대상적 감정은 이정표와 같은 것이다. 중요한 것은 이정표의 모양과 형태가 아니다. 우리가 이 형태와 모양을 만족스럽게 생각하는지 아닌지의 문제도 아니다. 이정표가 무엇을 가리키느냐가 중요하다. 그러므로 우리의 감정을 순전히 내면적, 심리적으로만 관찰하는 것은 대상적 감정과 상황적 감정의 상이한 정보와 과제를 정당하게 평가하지 못할 뿐만 아니라 현실도 제대로 파악하지 못하는 것이다.

예를 한 가지 들어보겠다. 몇 년 전 나는 뮌헨에서 열린 학회에 참가했다. 내 강연이 끝난 후 한 젊은 동료가 개인적인 면담을 부탁했다. 그는 자신의 아버지가 암 말기로 고통받고 있다고 했다. 아버지와 좋은 관계를 유지하고 있었음에도 그는 아버지를 찾아가지 못하고 있었다. 정확히 규정할 수 없는 어떤 내면적 저항이 있다는 것이다.

그의 아버지도 마찬가지였다. 그는 자신의 막내아들이 왜 자신을 찾아오지 않는지에 대해 아내와 다른 자식들에게 늘 물었고, 어떤 이유가 있을지 끊임없이 생각하다가 마침내 그 이유를 찾았다. 즉, 그가 살아오면서 막내아들과 겪었던 자잘한 오해들(이런 오해들은 좋은 관계를 틀어지게도 하지만 용서되기도 한다.)이 아들의 마음을 불편하게 했을 수 있다는 것이다. 이 사실이 삶의 마지막을 보내는 아버지의 마음을 무겁게 눌렀다.

아들의 마음도 마찬가지였다. 왜 그런 자잘한 오해로 생긴 아버지의 죄책감을 덜어주거나 최소한 편지나 전화를 할 생각은 하지 않느냐는 내 질문에 그는 조금은 투덜대듯이 대답했다.

"당신은 이해하지 못해요. 아버지가 병환 때문에 약해진 모습을 보는 것이 얼마나 힘든데요."

그리고 그는 결정적인 말을 했다.

"저는 그런 상황에 저를 내맡기고 싶지 않아요. 저는 그렇게 못해요. 아버지를 보는 것이 저에게는 너무 부담스러워요."

그의 이야기는 이쯤에서 그만하겠다. 그 누구도 그의 부담을 과소평가하지는 않을 것이다. 하지만 다음과 같은 질문을 하게 될 것이다. 달갑지 않은 감정을 일시적으로 회피하는 행위를 제쳐놓고 그는 자신의 회피를 통해 무엇을 얻었을까? 그가 아버지를 멀리하고 아버지의 병환과 쇠약함, 죽음을 단순히 회피한다고 해서 그러한 불행이 사라질까? 아버지는 여전히 죽음을 앞두고 있다. 그가 이와 관련된 모든 생각을 떨쳐버리려고 해도 이 사실은 여전히 그대로다. 그가 아무리 도망치려고 해도 아버지의 죽음과 고통을 없애지 못한다. 그의 단순한 상황적 행동은 심지어 더 많은 불행을 낳는다. 이를테면 아버지는 아들을 그리워하며 인생의 마지막에 큰 실망감을 경험하고, 쇠약한 상황에서도 이처럼 중요한 이별의 시간에 아들이 자신을 소홀히 하는 것에 대한 책임을 자신에게서 찾을 것이다.

또한 이러한 추가적인 불행이 일어나지 않는다고 해도 단순한 회피로 인한 대가는 너무나 크다. 그 아들은 자신의 아이들에게 어떤 모범이 될까? 그 역시 나이가 들어 쇠약해지면 어떤 생각을 하게 될까? 무엇보다도 그가 되돌릴 수 없는 기회(아버지와의 평화로운 이별)를 저버리기로 결정한다면 그는 앞으로 자신의 감정에 얼마나 의존하게 될까?

여기서 또다시 다음과 같은 사실이 드러난다. 즉, 상황적 감정에 따른 자기중심적 사고와 이에 수반되는 고통의 회피는 아무런 이득이 없으며, 우리를 행복하게 하거나 자유롭게 해주지도 못한다. 도리어 현실을 외면하게 한다.

우리는 아들에 의해 묘사된 상황적 슬픔을 과소평가해서는 안 된다. 하지만 사랑하고 존경하는 사람을 위해 (주관적으로는 썩 내키지 않더라도 그 상황에서 요구되는 가치 있는 행위를 함으로써) 그가 해야 할 임무, 우정과 애정, 신의를 보여주어야 한다는 사실도 과소평가해서는 안 된다.

그의 사연은 유감스럽게도 좋은 결말을 맺지 못했다. 그로부터 몇 주 후 나는 그에게서 편지를 받았다. 그의 아버지가 예상치 못하게 일찍 돌아가셨고, 결국 그는 무거운 마음에서 자신을 해방시켜줄 수 있는 말을 아버지에게 끝내 하지 못했다. 그는 편지에 다음과 같이 썼다.

제가 아버지를 만나서 모든 것을 말할 수 있었다면 얼마나 감사했을까요? 저는 제 자신이 나이 드는 것에 대한 두려움을 아버지에 대한 근심과 혼동했어요. 그리고 저를 불안에 떨게 했던 이별과 (아버지와 이별을 제대로 하지 못해서) 지금 저를 더욱 괴롭히는 이별을 혼동했어요. 당신이 말했던 것처럼 제가 아버지와 평화롭게 이별할 수 있었다면 얼마나 좋았을까요? 그랬다면 지금 저의 마음은 조금 더 홀가분하겠죠? 하지만 너무 늦었어요. 저는 아버지를 찾아가서 아버지의 마지막 순간에 의사로서, 아들로서 아버지의 곁을 지키는 상상을 계속 하고 있어요. 그런 기회는 다시 돌아오지 않을 거예요. 저는 그 기회를 놓쳤으니까요. 저는 아버지의 곁을 지키지 못했다는 사실을 안고 계속 살아나가야 하겠죠.

그의 이야기는 매우 슬픈 결말임이 분명하지만, 아직 완전한 끝에 도달한 것은 아니다. 좋은 결말을 마주하지 못했더라도 그가 편지에서 표현한 후회와 깨달음을 미미하게 평가해서는 안 된다. 또한 그가 자발적으로 자신의 편지를 강의와 출판을 위해 사용하게끔 나에게 허락해준 사실도 낮게 평가해서는 안 된다. 그가 편지에 썼던 것처럼 그는 자신의 행동을 원상태로 돌릴 수는 없지만, 다른 사람들이 그의 실수로부터 배울 수 있도록 자신에 대한 실망을 다른 사람에게 제공할 수 있다.

저는 당신이 제게 말한 것처럼 '비극을 승리로 바꾸지는'(빅터 프랭클) 못했어요. 하지만 이제 제가 놓친 것을 교훈으로 바꾸려고 노력할 수는 있어요. 그렇게 하면 저의 애석한 마음이 비록 아버지와 저에게는 아니지만 다른 사람들에게는 조금이라도 어떤 의미를 지니게 될 테니까요.

일시적인 부담을 덜기 위해 상황적 감정에 의존하면 당연히 대가를 치러야 한다. 다른 한편으로 우리가 일시적으로 부담을 덜려고 하지 않고 그 순간의 의미를 찾고자 한다면 가끔은 예기치 못한 이득을 얻게 된다.

엘리자베스 루카스의 사례는 그 반대의 방법도 가능하다는 사실을 말해준다. 대상적 부합이 고통스런 경험 속에서 자신을 성숙하고 온전하게 입증하는 능력을 부여한다는 것이다. 특히 상황에 따르도록 조언하는, 선의를 지닌 듯하지만 의심스러운 상담가의 말을 경청할 때는 그 순간의 의미를 깨닫기보다 일차적으로 자신의 감정에 치우치게 된다. 이것이 심리적으로 얼마나 소모적인지 그녀의 이야기가 잘 설명해주고 있다.

나는 심각한 우울증으로 신경클리닉에 입원했지만 어떤 치료법에도 긍정적 효과를 보이지 못한 한 남성을 알고 있다. 그의 과거를 조사하는 과정에서 그의 아내가 약 15년 전에 교통사고를 당했고 그 이후로 혼자서는 거동을 하지 못한다는 사실을 알았다. 그의 아내는 혼자 힘으로는 씻지도, 먹지도 못하며, 화장실에 가서 용변을 보지도 못했다. 스스로 할 수 있는 것이 매우 제한적이었다. 그 남편은 14년 동안 생계를 책임지기 위해 일을 하면서도 아내를 극진히 돌보고 간호했다. 이것은 그가 14년 동안 크고 작은 일련의 기쁨들을 포기했다는 것을 의미한다. 14년 동안 한 번도 여행이나 피크닉을 가지 못했고 모든 여가 시간 동안 아내를 돌보는 데 전념했다. 그럼에도 그는 14년 동안 건강하게 살았다.

친구들과 지인들은 그가 아내를 돌보느라 자신의 삶을 허비하고 있으니 아내를 요양원으로 보내는 것이 합리적이라고 끊임없이 설득했다. 친구들은 가능한 한 그가 자신의 삶을 즐겨야 한다고 말했다. 아픈 아내라는 '짐'이 있는 한 그가 자신의 삶을 즐길 수 없다고도 했다.

14년이 지나서야 그는 결국 친구들의 호의적인 충고를 받아들이고 아내를 요양원으로 보냈다. 그런데 1년이 채 지나기도 전에 그가 신경클리닉에 입원을 했다. 여러 치료사들이 그를 치료하려고 노력하고 약물을 투여했지만 세상과 삶에 대한 그의 무관심을 뚫고 나가지는 못했다. 마치 그가 자신의 주변에 견고한 벽을 만들어놓은 것 같았다. 그의 치료를 맡은 전문가들은 그가 14년 동안 아내를 돌보면서 다방면으로(특히 성적으로) 금욕적인 생활을 한 탓에 정신적으로 피해를 입었으며, 그가 더 이상 건강한 사회 구성원이 될 수 없다고 확신했다.

여기저기에서 그가 아내를 너무 늦게 요양원에 보냈다는 말을 했다. 나는 병원에 입원한 그와 면담을 나누면서 그가 자신의 양심이 하는 충고에 반한 결정으로 인해 엄청난 가치적 갈등을 겪고 있는 것은 아닐까 생각했다. 그가 줄곧 '아내를 향한 사랑'이라는 주제로만 이야기를 했기 때문이다. 그가 아내를 여전히 사랑하고 있다는 것에는 의심의 여지가 없었다. 그는 아내가 요양원으로 보내질 때 얼마나 씩씩했는지, 그리고 그가 처음으로 요양원을 찾아갔을 때 아내가 자신 앞에서 눈물을 보이지 않으려고 얼마나 노력했는지 자세히 이야기했다. 나는 그에게 다른 가치들을 찾아보라고 계속해서 넌지시 말해보았지만, 그의 삶의 다른 모든 영역은 마치 꺼진 불씨 같았고, 그에게는 오로지 아내의 모습만이 살아 있는 듯했다. 대화가 끝난 후 나는 30분 동안 병원 복도를 거닐면서 어떤 해답을 내려야 할지 고심했다.

내가 생각한 것을 말해도 될까? 내가 반드시 필요하다고 생각하는 것을 충고해도 될까? 30분이 지난 후 나는 그가 있는 병실로 돌아갔다. 그리고 이렇게 말했다.

"병원에 퇴원한다고 말하고 약도 그만 복용하세요. 그리고 아내를 다시 집으로 데려오세요. 되도록 빨리요. 당신은 정신적으로 아픈 게 아니에요. 당신은 지금 양심과 싸움을 하고 있어요. 양심의 소리에 반하여 행동하는 한 당신은 결코 기쁘지 않을 거예요."

그는 나를 물끄러미 바라보았고 서서히 얼굴에 생기가 돌기 시작했다. 그러더니 즉시 이불을 젖히고 일어나 옷을 갈아입었다.

그 이후로 나는 그를 두 번 만났다. 한 번은 그로부터 6개월이 지난 후 그가 나를 집으로 초대했을 때였고, 또 한 번은 상담소에서였다. 그의 집에 초대받았을 때 나는 그가 차와 쿠키를 내오기 위해 활기차고 경쾌하게 거실과 부엌을 오가는 모습을 보았다. 거실에 놓인 침대에 누워 상체를 일으킨 그의 아내는 사랑스러운 눈길로 조용히 남편을 바라보았다. 두 번째 그를 보았을 때는 그가 검은 양복을 입고 아내의 묘지에서 돌아왔을 때였다. 그는 이렇게 말했다.

"선생님이 안 계셨다면 제 삶은 지금 끝이 났을 거예요. 아내를 소홀히 했다는 감정을 결코 극복하지 못했을 겁니다. 아내가 요양원에서 외롭게 죽음을 맞이했다면 저는 몹시 괴로웠을 거예요. 하지만 아내는 편안한 죽음을 맞이했고 저도 마음의 평화를 찾았어요. 선생님께 감사드립니다."[66]

인간이 어떻게 자신의 행복을 찾을 수 있는가에 대한 답을 구할 때 인간이 자신의 삶에 드리워진 괴로움을 어떻게 대할 수 있을지에 대한 질문도 항상 따라온다. 얼핏 보면 모순처럼 여겨질 수도 있다. 하지만 우리의 삶이 현재의 사명이 아니라, 상황적 감정에 중점을 두고 있다는 그릇된 생각에서 일단 벗어나면 다음과 같은 사실을 알 수 있다. 즉, 삶의 행복과 충만함은 삶의 깊이를 외면하고 높은 곳만 쳐다보고 있으면 생겨날 수 없다는 것이다. 세상의 요구에 대한 대상적 시선, 자신의 상황적인 이해관계 너머에 존재하는 것에 대한 인간적 관심은 우리를 만족스러운 삶으로 이끌어줄 뿐만 아니라 삶의 다채로움도 함께 제공한다.

어쨌든 우리는 삶의 다채로움을 피해갈 수 없다. 이 다채로움에는 세상의 모든 행복과 더불어 우리가 언젠가 마주할 고통도 포함되어 있다. 그리고 이 사실은 언제나 우리에게 고통에 대한 두려움을 안겨준다. 이때 현재의 행복에 대한 우리의 순전한 두려움은 자유롭게 경험한 행복감과 인간적 성숙함과는 일치하지 않는다. 무엇보다도 이러한 두려움은 비현실적일 뿐만 아니라, 우리의 관심과 격려를 필요로 하는 다른 사람의 고통을 외면하게 만든다.

다시 말해 행복에 대한 우리의 질문이 고통에 대한 성숙한 대처로도 이어진다는 것은 모순되지 않는다. 근본적인 모순은 고통을 외면하는 것이 오히려 더 많은 고통을 만들어낸다는 데 있다. 왜냐하면 고통과 세상의 궁핍함을 외면하는 것이 결국 우리 자신에게만 몰두하고, 상황적 감정만 좇게 만들기 때문이다.

이런 상황적 감정은 앞에서 살펴봤듯이 목적의식을 놓치게 한다. 세상의 어두운 단면을 외면함으로써 "나는 지금 내 자신과 나의 행복에 몰두하고 있기 때문에 너에게 신경 쓸 겨를이 없어."라는 말조차 더 이상 하지 않는다. 말하자면 우리는 삶으로부터 우리를 잘라냄으로써 스스로를 소심하게 만들고, 비겁함의 장소로

퇴각시킨다. 상황적 감정의 추구는 결국 막다른 길에서 끝난다. 행복이 아니라 소심함과 비겁함이 있는 곳, 우리 자신에 대한 지나친 걱정이 삶의 다채로움과 도전을 질식시키고 주변 사람들에게도 고통과 불쾌함을 주는 곳에서 말이다.

이러한 내면적 관계는 슬픔(상황적)과 애도(대상적)의 비교를 통해서도 설명될 수 있다. 단순한 감정의 측면에서 볼 때 슬픔과 애도는 유사한 속성을 지닌다. 둘 다 마음을 무겁게 내리누르며, 개선에 대한 희망과 추진력이 미미하다. 하지만 애도는 대상적 감정으로서 그 감정의 외부에 존재하는 근거를 가지고 있다.[67] 말하자면 어떤 가치가 우리 삶에서 상실됨으로써 고통을 불러일으키는 것이다.

반면 우울하고 언짢은 기분이나 슬픔의 경우는 그 원인이 다양하며, 단순한 외적 현상으로부터 근본적인 방해 요소가 무엇인지 알아낼 수 없다. 이를테면 특정한 날씨가 기분을 언짢게 만들 수 있다. 이러한 경우에는 광선 치료가 도움이 되기도 하고, 약물이 도움이 되기도 하며, 또 다른 경우에는 심리학적 조치나 생리학적 절차가 도움이 된다는 사실 정도를 알 뿐이다. 다른 말로 표현하자면, 이러한 슬픔에는 원인이 있으며, 이 원인들은 변경될 수 있고, 조종할 수 있다.

하지만 애도는 완전히 다르다. 애도는 원인뿐만 아니라 근거를 가지고 있다. 그렇기에 본질적으로 감정 이상의 것이며, 무엇

보다도 우리가 사랑했지만 이제는 상실한 어떤 것 혹은 어떤 사람을 그리워하는 추억의 다른 표현이다.[68]

애도에 선행하는 사랑은 이미 대상적 감정이다. 즉, 사랑은 일회성과 유일성[69] 속에서 인지되고 존중되고 사랑받는 어떤 대상을 의미한다. 애도하는 사람은 사랑을 하는 사람이기 때문에 그가 애도하는 어떤 대상과 관련된 위안이 아니라면 좋은 반응을 보이지 않는다. 상황적 슬픔에서 작용할 수 있는 모든 '조작'이나 치료법이 애도에서는 제 기능을 발휘하지 못하는 것이다. 이러한 조작이 상실을 없던 일로 만들지 못하기 때문이다. 다시 말해 애도와 그리움의 대상을 되돌려줄 수 없기 때문이다.

따라서 애도는 그 대상성으로 말미암아 (누구도 의식적으로 선택할 수 없음에도) 인간이 가진 특권이 된다. '치료적 개입'이나 다른 호의적인 간섭 없이 애도를 겪어내는 것 또한 인간의 특권이다. 다른 사람들은 그저 애도하는 사람에게 그의 애도가 사랑의 흔적이라는 사실 정도만 말해줄 수 있을 뿐이다. 말하자면 사랑을 경험하는 행운을 가진 사람만이 자신이 잃어버린 것을 그리워하는 불행도 경험할 수 있다는 사실이다. 그러므로 애도는 심리적 현상이라기보다 정신적 현상이며, 그 자체로 심리적 개입이 가능한 협상 대상이나 사건이 될 수 없다.

몇 가지 예외는 있다. 그중 하나를 간단하게 살펴보고자 한다. 왜냐하면 고통의 극복이라는 관점에서 상황적 감정과 대상적 감정의 구분을 설명해줄 수 있기 때문이다. 애도의 감정이 강렬해지고 고통을 참기 힘든 과정도 존재한다. 그래서 상담사나 치료사를 찾기도 한다. 하지만 애도가 감정 이상의 것이라면 그에게 어떤 도움을 줄 수 있을까? 그 누구도 잃어버린 가치를 다시 삶으로 되돌릴 수 없다는 사실 때문에 느끼는 애도라면?

그들을 상담하고 격려하는 과정에서 다음과 같은 사실이 드러난다. 즉, 깊은 애도에 잠긴 사람은 일반적으로 사랑하는 대상을 통해서만 벗어날 수 있다. 그가 애도에 사로잡힌 자신을 삶으로부터 완전히 단절시킬 위험이 존재할 때는 사랑의 대상만이 그의 구원이 될 수 있다. 이와 관련하여 빅터 프랭클은 강연에서 다음과 같은 사례를 이야기했다.

> 나이 든 한 의사가 나를 찾아왔다. 그의 아내는 1년 전에 죽었고, 그는 그 상실감을 극복할 수 없다고 했다. 나는 몹시 우울해하는 그에게 만약 그가 아내보다 먼저 죽었다면 어떤 일이 일어났을지 생각해본 적이 있는지 물었다. 그는 이렇게 대답했다.
>
> "상상할 수도 없어요. 아마 제 아내는 절망에 빠졌을 거예요."
>
> 나는 그에게 다음과 같은 사실을 상기시켜줄 필요가 있었다.
>
> "그것 보세요. 당신의 아내는 당신 덕분에 고통을 면한 거예요. 당신이 아내의 고통을 면해준 겁니다. 그 대가로 당신은 살아남아 아내를 애도할 수 있는 것이고요."

그 순간 그의 고통은 희생이라는 의미를 얻었다. 운명은 조금도 바꿀 수 없었다. 하지만 운명을 대하는 태도는 변화했다.[70]

"왜 내가 아내를 이토록 그리워해야 하는가?"

이 절박하고 비극적인 질문은 대상적이고 의미 있는 대답을 발견했다.

"당신의 아내를 '위해서'예요. 이 사랑이 당신이 예나 지금이나 당신의 아내를 위해 할 수 있는 마지막이자 최고의 것이지요."

실제로 우리는 대상적 사랑을 위해, 우리의 사랑만을 위해 희생할 준비가 되어 있다. 사랑은 공간과 시간의 한계를 극복할 수 있다. 또한 사랑은 우리가 사랑하는 사람을 받아들일 때 동의와 선의를 통해 지속적으로 작용할 수 있다.

사랑은 과거에서 반출되지 않고, 소급해서 취소가 되지도 않는다. 왜냐하면 우리의 인생사에서 지워질 수 없는 장章으로 쓰여 있기 때문이다. 또한 사랑하는 사람이 우리를 떠났을 때에도 사랑은 여전히 계속 작용할 수 있다. 사랑하는 사람이 살아 있을 때 우리의 내면과 상황 속에서 최고의 영향력을 발휘했듯이, 사랑하는 사람이 우리를 떠났을 때에도 사랑은 지속적인 연대감으로 애도의 감정을 불러온다.

여기서 다른 모든 상황적 모델들이 실패할 때도 실존적 규칙들이 얼마나 다르게, 그리고 호의적으로 우리를 버티게 해주는지 나타난다. 아무것도 억압되지 않고, 아무것도 미화되지 않으며, 아무것도 고무되지 않는다. 오로지 애도만이 스스로 인식하고 동의한, 보다 큰 가치의 연관성 속에 자리한다. 즉, 너는 너의 사랑을 위해 여전히 무언가를 할 수 있고, 사랑은 결코 물거품이 되지 않으니 사랑을 간직하라는 것이다.

우리는 여기서 대상적 지향이 한편으로는 우리를 성공적인 삶으로 이끌고, 임시적이면서도 무의미한 사건 속에서 '실존적'이면서도 '가치를 담고 있는' 것을 발견하고, 그것을 위해 고통을 견디고 애도할 기회와 가능성으로 이끌어준다는 사실도 알게 된다. 필요한 경우 우리는 누군가를 위해, 혹은 자신이 아닌 어떤 대상을 위해 우리에게 느껴지는 고통, 변경할 수 없는 고통을 견뎌낼 수 있다. 하지만 우리 자신만을 위할 때는 그렇게 하지 못한다. 우리는 떠나간 어떤 대상에게 선의를 담은 우리의 기대와 호의, 또는 관심과 사랑을 줄 수 있다. 그렇게 한다고 해서 애도의 마음이 사라지는 것은 아니다. 도리어 애도의 대상을 향한 애정을 간직하게 하고 우리가 슬픔에 빠져 허우적대지 않도록 지켜준다.

다시 한번 말하자면 무감각 상태에서 우리를 깨어나게 하는 가장 인간적인 방법은 '자기 자신'에게 머물러 있는 것이 아니라, 사랑하는 대상을 지속적으로 시야에 두는 것이다. 이러한 토대는 우리를 다시 삶과 결합시킨다. 반면 자신에게 집착할 경우 우리는 삶과 분리되고, 결과적으로 우리의 행복뿐만 아니라 우리의 슬픔도 그 가치가 떨어진다.

따라서 다양한 삶의 맥락 속에서 우리가 반복적으로 발견하는 사실이 있다. 행복은 삶에 대한 우리의 관여, 슬픔에 성숙하게 대처하는 우리의 능력에 대한 관심과 함께 생겨난다는 것이다. 행복은 삶과 동맹 관계를 유지할 때 생겨나며, 진정한 행복과 충만함도 여기에 기인한다.

결론은 다음과 같다. 대상적 지향은 행복뿐만 아니라 슬픔 속에서도 우리 자신을 강하게 하고 보호한다. 행복이나 슬픔은 우리가 혼자서 견뎌내는 것보다 잘 견뎌낼 수 있는 근거들을 우리와 결합시켜주기 때문이다. 이러한 인식은 이 책의 맨 앞에서 언급한 임시적 삶의 자세와 대조를 이룬다. 말하자면 우리의 탐험(연구)은 탈현대적 자아가 평화와 번영의 시대에 살고 있고, 모든 앞선 세대에 비해 더 많은 가능성을 가지고 있음에도 그다지 행복하지 않고 자신이 어떤 방향으로 나아가야 할지 제대로 모른다는 확신에서 시작했다.

우리는 이 질문에 대한 대답을 찾으려고 시도하는 과정에서 탈현대적 자아가 무엇을 지향할 수 있고, 또 무엇을 지향해야 하는지, 무엇을 위해 선을 추구해야 하는지에 대해 알았다. 앞선 장에서는 자아의 자유, 의미 지향, 이상주의, 삶에의 감격, 책임, 사랑, 고통에 대해서 논의했다. 이제는 마지막으로 우리 자신에게 방향을 맞추어 어떻게 느끼고 인지하며, 어떻게 자신을 강화시키고 발전시키는지, 그리고 궁극적으로 자신의 이상과 사명을 어떻게 발견할 수 있는지 함께 알아보고자 한다.

자의식과
자기 존재 가치

먼저 상황적·대상적 개념에서 자아를 고찰해보자. 오늘날의 많은 자기 치유 도서들은 자존감과 자기 가치를 부각시키는 데 집중하고 있다. 잘 발달된 자의식이 직장 생활이나 인간관계 형성에 큰 장점이 될 수 있다는 사실은 보편적으로 수긍하는 지식에 속한다. 실제로 많은 사람들이 자존감 결핍에 시달리고 있다. 왜 해마다 '건강한' 자의식 발달에 도움을 준다는 수백 권의 책들이 출간되는지를 달리 설명할 필요가 없다.

이 책들이 제공하는 조언들을 살펴보면 (다양한 형태로 조금씩 변형되기는 했지만) 단순하면서도 반복되는 내용들이 발견될 것이다. 사람들은 그 조언들이 제대로 기능하는지 궁금해한다. 자기 치유를 다룬 대부분의 책은 우리가 스스로 충분히 확신하고 믿어야 긍정적 감정과 강인함, 자의식이 생겨난다고 말하고 있다. 다시 말해 자존감을 가지고 있다고 확신하고 느껴야만 자존감이 생겨난다고 조언한다. 더 간단히 말하면 스스로를 믿도록 의식적으로 결정해야 한다는 것이다.

하지만 '너 자신을 믿어라!'라는 요구 사항은 도리어 의심스러운 느낌을 준다. 절대로 요구될 수 없는 것을 요구하는 듯하다. 우리는 앞에서 믿음이 직접적으로 의도될 수 없다는 사실을 확인했다. 우리가 믿음에 대한 충분한 근거들을 가지고 있지 않다면 말이다. 여기서 충분한 근거란 자존감에 대한 요구다. 그리고 이러한 요구는 자존감이 결여되어 있다는 사실에만 기인하기 때문에 이미 모순적이다. 누군가가 높은 자존감을 가지고 있다면 그는 동시에 높은 자존감을 바라야 할 근거가 없다. 하물며 그에게 자존감이 생기도록 도와주는 책을 구입하거나 세미나에 참석할 이유가 있을까?

자기 자신을 믿으라는 맹목적인 요구는 지금까지의 우리의 분석이 옳다면 의혹의 여지없이 달성되어야 한다. 문제는 성공적인 경우에도 스스로 이의를 제기하고 확신한 (상황적인) 자의식의 감정이 객관적인 상관관계를 갖지 못하고 처음에는 그저 희망적 관측에 기인한다는 것이다.

이런 맥락에서 흥미로운 현상이 나타난다. 우리 대부분은 '행운의 연속' 외에 더 좋은 표현을 찾을 수 없는 상황에 놓일 수 있다. 이를테면 어떤 사람이 잘 알지 못하는 사람들 무리에 낄 수 있는 행운을 얻었다고 하자. 환상적인 분위기 속에서 모두가 웃으며 즐겁게 이야기를 나누었다. 그들은 어떤 사람을 좋아하기도 하고, 또 어떤 사람이 자신이 생각하는 것보다 더 좋은 사람이며 재능이 뛰어난 사람이라고 생각한다. 어쩌면 그들은 전혀 사실과 맞지 않는 어떤 것을 믿을 수도 있다. 그것이 그 순간에는 매우 좋게 느껴지기 때문에 헤어질 때까지는 유지가 된다.

그런데 집에 가는 동안 서서히 섬광이 사라지면서 익숙한 자아가 다시 나타나고 제정신으로 돌아온다. 우리가 아주 솔직해지는 순간들이 있다. 온전히 자기 자신이 될 때, 자신 외에는 아무도 될 수 없을 때, 자신의 질문에만 몰두할 때, 집으로 가는 길에 자동차 백미러에 비친 자신의 모습을 바라볼 때가 그렇다. 이 순간이 불쾌하지는 않을 것이다. 오히려 온전히 자기 자신이 되었다는 황홀한 감정이 느껴지고, 그 순간에 가장 큰 자유를 느낄 것이다. 말하자면 어떤 환상이나 희롱도 없이 우리 자신과 마주하는 순간, 있는 그대로의 우리가 허용되는 순간, 온전히 자기 자신이 될 수 있음을 편안하고 기쁘게 누릴 수 있는 순간이다.

이러한 경험은 우리가 바라는 존재, 할 수 있는 존재, 그래야만 하는 존재가 되어야 할 뿐만 아니라 어떤 순간에는 있는 그대로의 우리 자신을 존중해야 한다는 사실을 말해준다. 아무런 요구도 하지 않고, 다른 사람들의 반응에 연연해하지 않으며, 다른 사람들이 우리에게 기대하거나 우리에 대해 생각하는 것에 신경 쓰지 않는 순간이다. 우리의 약점을 거부하거나 우리의 강점을 과대평가하지도 않으며, 의식적으로 자유로운 사람이 되는 것이다. 자아를 마주한다는 것은 그 자체로 이미 믿을 수 없을 정도로 훌륭한 경험이다.

긍정적 인식의 순간들은 우리 자신을 위한 것과 다른 사람을 위한 것과의 대조를 통해 확인할 수 있기 때문에 그 반향적 효과의 관점에서 볼 때 매우 유익하다. 이렇게 솔직하게 자기 자신이 되는 것은 우리에게 이로운 일이며, 적어도 우리의 긴장을 완화시킨다. 꾸미지 않고 그냥 자신의 모습을 즐기면 되고, 우리를 특정한 방식으로 해석하거나 해석하게 할 필요도 없다.

반면, 다른 사람들의 잘못된 판단에 의존하는 정체성은 언제나 왜곡된다. 우리가 다른 사람들의 눈에 긍정적으로 오인되는 것도 왜곡이다. 우리가 부정적으로 오인되는 경우에는 그나마 빌려온 정체성을 떨쳐버리기가 쉽다. 왜냐하면 그러한 정체성은 어쨌거나 우리가 바라는 것이 아니기 때문이다. 하지만 부정적으로 오인되든 긍정적으로 오인되든 그렇게 차용된 정체성은 영구적으로 볼 때 무의미하다. 그러므로 우리가 자기 자신을 자각하게 된다면, (우리가 바라기는 하지만 전혀 실제적이지 않은) 누군가인 것처럼 보이도록 하는 데 우리의 시간을 소모하는 것 또한 무의미하고 잘못되었다는 사실을 명확히 알 것이다.

그럼에도 우리는 특정한 자기암시 기법으로 수시로 자의식을 자극해야 한다는 조언을 듣는다. 자기 치유 도서와 세미나 등은 항상 잘 다듬어진 기법들을 제공하는데, 근본적으로는 동일한 주제의 변형일 뿐이다. 즉, 자의식을 발달시키려는 사람은 스스로에게 "나는 좋은 사람이다."라고 말하고 실제로 그렇게 믿어야 한다는 것이다. 하지만 이런 방법이 제대로 효과를 발휘하는지, 현실적으로 입증되는지에 대해서는 명확한 답이 없다.

그래서 빈대학교의 우리 연구팀은 긍정적인 자기 대화의 심리학적 효과를 확인해보기로 했다.[71] 무엇보다 '그런 프로그램이 어느 정도로 효과가 있는가?'라는 근본적인 질문에 관심을 가졌다. 즉, 자존감을 스스로 확신할 수 있을까? 그에 대한 실험 결과가 우리를 매우 놀라게 했다. 약 20분 동안 (자기암시 프로그램의 일환으로) 스스로 자의식을 확신한 피험자 집단에서 통제 집단에 비해 훨씬 높은 자존감이 나타났다. 말하자면 이 프로그램은 효과가 있었다. 물론 이런 '효과'는 평균적으로 15분 이상 지속되지는 않았다. 15분이 경과한 뒤에는 피험자 집단의 자의식이 놀라울 정도로 감소되었는데, 통제 집단의 자의식 수치보다 훨씬 떨어져서 우울증 환자의 평균 수준에까지 도달했다.

이 결과는 '사고 구술 프로토콜Think-Aloud Protocol'을 이용한 후속 실험에서 비로소 설명될 수 있었다. 즉, 실험 집단의 피험자들은 성공적으로 자존감을 고조시킬 수 있었다. 하지만 이러한 감정이 나타난 지 얼마 되지 않아 피험자들에게서 통제적 사고 과정이 나타났다. 그들은 한편으로는 자신의 높은 자존감에 도취된 경험을 했고, 다른 한편으로는 고조된 자존감의 근거를 자문했다. 그들이 심리 실험의 피험자로서 자신의 경험을 비판적으로 성찰하려는 경향이 있어서일 수도 있다. 정확히 말하면 이 분석에서 피험자들은 고조된 자의식의 근거와 그것이 정당화될 수 있는지에 의문을 가졌다.

역설적으로 대부분의 피험자들은 이런 의문을 가짐과 동시에 과거에 그러한 높은 자의식이 형성되었더라면 실행하거나 달성하려고 했던 많은 것들을 떠올렸다. 그들이 실험을 통해 자신의 높은 자의식을 근거가 없는 것으로, 즉 단순한 자기암시 때문에 경험한 것처럼 말이다. 현실과 자기암시 사이의 괴리는 결과적으로 자기 불신감을 고조시킨다. 그 결과 스스로 확신했던 자의식이 다시 사라지고 말았다.[72]

시간이 어느 정도 지나고 유도된 자의식에 도취된 상태로부터 깨어날 때 생기는 심리적 여운이 적어도 부분적으로는 실험적 상황의 인위적인 결과물일 수는 있다. 하지만 이러한 실험적 상황이 야기한 결과는 이성적이고 성숙한 사람들에게 종종 바랄 수 있는, 자신의 자존감이 실제로 얼마나 타당한 근거를 가지고 있는지를 자문하는 능력이다. 다시 말해 사회적인 행운이 가져오는 여운 속에서 가끔씩 경험할 수 있는, 자기 자신과의 솔직한 만남을 경험할 수 있는 능력이다.

여기에서도 상황적 자존감과 대상적 자존감은 완전히 다른 현상이라는 결과가 나타난다. 상황적 자존감은 완전히 내재적인 것이기 때문에 어떤 근거로 설명하기보다 그냥 느껴지는 것이다. 일종의 (여기서는 자기암시를 통해 유도된) 일시적인 기분이기 때문에 다른 대부분의 변덕처럼 피상적이다. 반면 대상적 자존감은 객관적 상관관계를 통해 근거가 마련된다. 말하자면 나의 인생은 나에게 기인하고, 내 인생의 자산도 내 것이기 때문에 나는 나에게 동의한다는 것이다. 이런 긍정적인 자존감은 근본적으로 대상적인 정황에서 유래한다. 즉, 우리는 스스로 명명할 수 있는 이런저런 근거에 따라 소중하고 가치 있는 존재다.

상황적 자존감과 대상적 자존감의 차이는 시간의 흐름에 따라 전개되는 양상을 보더라도 쉽게 이해할 수 있다. 상황적 자존감은 그 기능을 상실했을 때 사라진다. 또는 시간이 흐르면서 일반적으로 다른 대상에 의해 빨리 교체된다. 마치 모든 기분이나 변덕이 그렇듯이 저절로 사라져버린다. 인정받기 위한 노력과 우리의 자존감이 기분이나 변덕에 의해 결정된다면 자존감도 그렇게 왔다가 사라진다. 이를테면 우리는 어느 때는 기분이 좋고 또 어느 때는 그렇지 않다. 또 가끔은 다른 사람들로부터 인정을 받아 자존감이 높아질 때도 있고 그렇지 않을 때도 많다.

대상적 자존감도 사라지는 것은 마찬가지다. 하지만 사라지는 이유가 다르다. 대상적 자존감이 사라지는 이유는 근거들이 변하기 때문이다. 우리가 가끔씩 스스로 옳다고 생각하는 가치나 삶의 요구에 부합하지 않다고 여겨지는 일들을 하고, 이런저런 결정과 행동이 양심의 가책을 느끼게 한다는 사실을 인정하기 때문이다. 우리는 그러한 순간에 자신에게 더 이상 동의하지 않으며 자신의 결정과 행동에 찬사를 보내지 않는다. 능동적 요인이 자존감의 획득뿐만 아니라 상실까지 특징짓는 것이다. 자존감을 인식하는 것은 단순히 경험되는 것이 아니며, 획득되기도 하고 획득한 만큼 다시 사라지기도 한다. 우리가 영원히 같은 월계수 아래에서 쉴 수는 없기 때문이다.

변덕스러운 자존감, 혹은 다른 사람의 반응에 좌우되는 자존감이 지닌 치명적인 결함은 우리 능력의 자유롭고 자발적인 투입을 의존성이 가로막는다는 것이다. 그 결과, 보다 안정적이고 객관적인 근거를 지닌 자존감의 토대가 약해진다. 자기 자신을 겉돌 때, 그리고 다른 사람의 시선에 갇혀 있을 때, 우리는 자신에게 주어진 가능성, 즉 다른 사람의 말이나 기대에 좌우되지 않고 자신이 지닌 가치 의식의 견고하고 현실적(대상적) 토대를 능동적으로 만드는 무수한 가능성을 보지 못할 수 있다.

다른 사람에게 인정받기 위해 노력하는 사람들, 자신이 어떤 사람인지 신분으로 보여주려는 사람들, 근거 있는 비판이나 인생의 평범한 실패에 공격적인 반응을 보이거나 자기변명을 하는 사람들은 일반적으로 이러한 속성 때문에 주변 사람들로부터 존경과 인정을 받지 못한다. 그들은 오히려 성숙하지 못하고 기만적으로 비치며, 속이 훤히 들여다보이고, 앞으로가 예측되는 사람들이다. 이러한 점에서 볼 때 그들은 긍정적 자존감을 얻기 위해 노력하지만 정반대의 상황에 도달하게 된다.

우리는 사람들이 돈과 명성, 체면과 인정에 대한 욕망 때문에 삶의 기쁨을 얼마나 포기하고 사는지를 알고 있다. 인간의 모든 우주가 욕망의 대상인 '인정 욕구'에 편협하게 제한되기 때문이다. 동시에 욕망에만 배타적으로, 그리고 지나치게 집착하면 다른 사람들과 갈등에 빠지는 경우가 많다. 다른 사람들의 관심사를 전혀 보지 못하기 때문이다. 이러한 사실을 확인할 때 긍정적인 자존감을 얻기 위한 직접적인 노력이 자아의 최선을 이끌어내고 장려하기에는 부적절하다는 것을 알 수 있다. 오히려 이런 직접적인 노력은 또 다른 불만과 허무, 불행한 느낌을 만들어낸다. 말하자면 다른 사람들의 감정과 요구에 좌우된다는 느낌, 혼자라는 고독함, 또는 다른 사람들에게 고마움이나 인정을 받지 못하고 있다는 느낌을 갖게 된다.

단순히 인정을 받기 위한 노력에는 진심이 담겨 있지 않으며, 결국에는 자기중심적인 것이 내재되어 있다. '선한' 행동들을 올바르다고 인식해서가 아니라 다른 사람들로부터 인정을 받는 것이 그저 좋아서 하는 것은 이기적인 것이다. 자발적으로 사람들이 다른 사람을 돕거나 배려를 하는 이유는 높은 자존감을 얻으려는 것이 아니라 다른 사람들을 위한 마음을 실행에 옮기기 위해서다. 만약 치료사가 환자들을 치료하는 것보다 자아실현에 더 관심을 갖는다면 여기서 자기희생과 배려를 이야기하는 것은 적절하지 않다.

이 모든 것을 '실존적 오류'라는 말로 요약할 수 있다. 방법과 결과만 의문시되는 것이 아니라 동기도 의심스럽기 때문이다. 어떤 사람이 자신의 이런저런 행동이 오로지 다른 사람들을 위한 것이므로 본래의 동기도 인정해달라고 강요한다면 그의 동기는 진심이 아니며 좋은 동기라고도 할 수 없다.

삶의 지혜를 담았다고 하는 베스트셀러들은 우리에게 상황적 삶의 자세를 취하라고 끊임없이 조언한다. 자신만을 생각하고, 자신이 어떻게 느끼는지, 얼마나 많은 것을 얻는지, 다른 사람들이 자신에 대해 어떤 생각을 하는지에 귀를 기울이라는 조언들은 꽤 그럴듯하게 들린다. 하지만 장기적으로 볼 때 전혀 효과가 없으며, 심한 경우 자기 자신을 제외한 다른 모든 것에 대해 무관심하게 만들고 진심이 담겨 있지 않은 삶으로 우리를 이끌 수 있다. 이처럼 기쁨, 사랑, 희망, 행복, 믿음에 적용되는 내용이 자의식에도 똑같이 적용된다. 자의식으로 이르는 지름길은 존재하지 않는다. 우리가 기대하는 상태에 이르는 길은 그 상태를 통해서가 아니라 의미 지향적인 참여를 함으로써 도달할 수 있다. 그렇게 할 때 우리의 참여와 노력을 통해 세상이 풍요로워질 뿐만 아니라 우리가 세상에서 얻을 수 있는 '보물'이 모든 상황적 감정보다 더 확실해지고 진짜가 된다. 엘리자베스 루카스는 이를 다음과 같은 비유를 들어 설명한다.

> 한 소년이 배가 가득 담긴 큰 바구니를 든 노부인을 마주쳤다고 가정해보자. 소년은 과즙이 풍부하고 신선한 배를 보면서 먹고 싶다는 욕망을 느낀다. 그래서 바구니를 집까지 들어주겠다고 말하면 노부인이 분명히 배 몇 개를 주지 않을까 생각한다. 소년의 생각대로 일이 진행된다. 소년은 노부인의 무거운 바구니를 들어주고, 노부인은 그에 대해 고마움을 표시한다. 여기까지는 모든 것이 순조롭다. 소년의 동기가 지극히 자기희생적인 것이 아니었음에도 소년은 어쨌든 예의 바른 행동을 했고, 노부인을 도와주지 않은 것보다는 훨씬 나은 행동을 했다. 그가 얻은 것은 배 몇 개만이 아니었다. 소년의 자존감도 향상되었다. 즉, 소년은 영리했고 자신의 계산대로 일이 진행되었다.
>
> 이제 똑같은 노부인을 만난 다른 소년을 상상해보자. 이 소년은 배보다 노부인을 먼저 보았다. 노부인이 굽은 허리로 바구니를 무겁게 끌고 가는 모습을 본 것이다. 이 순간 소년에게 자신의 젊은 혈기를 필요한 곳에 사용해야겠다는 의미가 떠오른다. 소년은 노부인의 바구니를 집까지 들어주고 그 대가로 배 몇 개를 받는다.

이 두 번째 소년이 얻게 되는 것은 무엇일까? 그는 '가치 그 자체', 즉 가장 인간적인 것, 그의 배려 속에 존재하는 유의미한 것과 만났다. 그것이 그에게 부수적인 효과로 무엇을 가져오는지와는 무관했다. 따라서 그는 자존감을 얻을 뿐만 아니라 실존적 의미를 깨우치면서 가치 의식도 향상될 것이다. 앞의 소년이 손을 털면서 "나는 참 잘했다!"라고 말할 수 있는 반면, 두 번째 소년은 삶의 충만함을 받아들인다. "내가 존재한다는 것은 좋은 일이야!"[73]

내가 존재한다는 것 자체가 좋은 일이라는 깨달음은, 단순한 자기 이해가 아니라 가치 실현의 깨달음이 담긴 '자기 가치 경험'의 한 형태다. 객관적인 선과의 결합을 통해 주관적인 기분 혹은 우연히 받거나 받지 못한 인정에 더 이상 취약해지지 않을 것이다.

또한 이 이야기는 우리의 행동이 자신만을 위하지 않고 가치를 지향할 때 그 파급 효과가 행동의 가치에 '확고하게' 내재되어 있다는 사실도 보여준다. 루카스는 이 이야기를 다른 대안적인 결말들로 확대하면 이러한 맥락이 훨씬 더 명백하게 보일 것이라고 말한다. 이를테면 노부인이 소년에게 고마움을 표현했지만 배를 하나도 주지 않았다고 가정해보자. 그럼 첫 번째 소년은 자신의 계획대로 일이 진행되지 않아서 완전히 헛수고를 했다는 사실을 인정하지 않을까? 게다가 자신이 (자기를 위해서) 잘한 것이 아니라, 에너지를 낭비하고 상황을 잘못 판단했다고 여겨 낮은 자존감을 갖지 않을까? 다시 말해 그는 그 자체로 잘한 행동(자신의 도움이 필요한 누군가에게 도움을 준 것)조차 나중에는 실수이자 무가치한 것으로 생각할 것이다. 왜냐하면 상황적으로 (자기 자신에게 고정시켜서) 생각해볼 때 우리 행동의 가치는 오로지 우리가 행동을 통해 느끼는 것에 의해서 규정되기 때문이다. 순전히 상황적으로, 오로지 '쾌-불쾌' 양극에서만 행동의 가치가 결정되는 것이다.

'쾌-불쾌'만이 우선시되었다면 소년이 바구니를 들어줄 때 노부인 모르게 배 몇 개를 슬쩍 훔칠 수도 있었을 것이다. 그렇게 했다면 소년의 계획대로 진행되고, "나는 참 잘했다."라고 말했을 수도 있다. 하지만 노부인을 도와주는 척하면서 배를 훔쳤다는 사실에서 올바른 자기 가치 의식이 만들어질 수는 없다.

반면, 우선적으로 도움이 필요한 노부인을 보고 자신의 힘을 써야겠다고 생각한 소년의 상황은 완전히 다르다. 그의 행동의 가치는 노부인이 감사의 표현으로 배를 주지 않는다고 해서 침해받지 않는다. 자신의 존재에 대해 느끼는 실존적 인식도 영향을 받지 않으며, 다른 사람들의 반응에 좌우되지 않는다. 이런 파급 효과는 어떤 형태의 반응을 돌려받는가에 상관없이 그의 행동의 가치에 이미 내재되어 있다.

다시 말해, 그의 행동의 파급 효과는 그가 대상에 관심을 가지고 의미 가능성을 실현했다는 사실에 근거를 두고 있다. 어떤 것도 그 파급 효과를 없었던 것으로 만들거나 소멸시킬 수 없으며, 나중에라도 무가치한 것으로 만들지 못한다. 감사와 인정이 따르든, 그렇지 않든 상관없다. 우리는 앞에서 우리가 발산하는 것은 우리의 것이며, 우리가 얻는 것은 그저 빌려온 것이라는 사실을 확인했다.

여기서 또다시 가치 및 의미 지향적인 행동, 대상적인 행동은 장기적으로나 단기적으로나 실패하는 일이 없다는 사실이 입증된다. 순수한 양심을 가지고 솔직하게 "내가 존재하는 것은 좋은 일이야." 혹은 "내가 존재해서 좋아."라고 확언할 수 있는 사람은 다른 사람의 말이나 보상에 의존하지 않는다. 그들의 세계와 자아 경험의 근거는 현재의 의미를 포착하고 파악하며 실현했다는 데 있다.[74]

의미와 소비, 비용의 관계에 대한 이런 인식은 우리의 일상적 행위, 특히 오늘날에 만연한 번아웃Burnout 증후군의 관점에서 볼 때 매우 중요하다. 실제로 연구를 통해 보면, 번아웃 증후군은 일차적으로 어떤 문제나 일에 전력을 기울였다는 사실에만 근거하는 것이 결코 아니다. 더 결정적인 것은 그가 '왜', '무엇을 위해' 자신의 에너지를 쏟고 전력을 기울이는가 하는 문제(첫 번째 소년의 이야기처럼)이고, 자신이 쏟은 에너지가 계획대로 진행되는지의 여부다.[75]

병원에서 일상적으로 관찰되는 한 가지 현상이 있다. 새로운 간호부장이나 수간호사, 수석 레지던트나 부장 의사가 임명되기 몇 달 전, 병동에서 일하는 몇몇 직원들은 지금껏 보여주지 않았던 열의와 노력을 보여준다. 갑자기 더욱 헌신적으로 업무를 보고 환자들에게 더 많은 시간을 할애하며, 그때까지는 소홀히 작성했던 병동일지를 꼼꼼히 작성한다. 가끔씩은 필요 이상으로 병실에 머물면서 환자와 직원들에게 위안의 말이나 건설적인 말을 건넨다. 간단히 말하면 자신의 직업에서 진정한 소명을 발견했다는 인상을 심어줄 정도로 모든 에너지를 쏟아붓는 것이다.

몇 달이 지난 후 오랜 기다림 끝에 간호부장, 수간호사, 부장 의사 등이 임명되어 공개된다. 대개 번아웃 증후군과 유사한 상태는 임명이 끝난 후 승진하지 못한 사람들에게 나타난다. 이 사실이 특이하다. 지금까지 그들의 행동은 내적으로 충만한 직업적 소명이 삶의 행복을 결정하는 중요한 자원이라는 인상을 불러일으켰고, 이미 그러한 자원을 확보했는데, 왜 번아웃이 된 것일까.[76]

여기서 벌어진 일은 명백하다. 그들은 자신의 소명에 몰두한 것도 아니고, 그들의 계산이 맞아떨어지지도 않았다. 그들의 노력은 환자나 동료들을 위한 것이 아니라 더 높은 자리로 승진하기 위해 연출한 것이었다. 원하던 승진이 이루어진 사람에게는 노력이 값어치가 있었다. 승진한 경우 자신의 에너지와 가능성을 지나치게 남용하지 않았다면 번아웃 증후군 발병률이 높지 않다. 하지만 계획대로 되지 않은 경우에는 그들의 모든 행동과 초과 근무 시간, 노력들이 돌이켜 생각해볼 때 무의미한 것으로 드러난다. 그리고 이런 확신과 함께 위기가 찾아온다. 그렇기 때문에 우리의 행동뿐만 아니라 그 동기도 중요하다. 행동의 동기는 우리가 전력을 다하여 에너지를 소비할지를 결정하고, 우리의 행동이 우리 자신과 세상을 풍요롭게 한다는 것(앞에서 말한 정신적인 것의 독특한 경제학을 떠올려 보라.)을 앎으로써 우리에게 필요한 에너지를 유입시킬지를 함께 결정한다.

따라서 우리 자신을 망각하고 유의미한 사명에 헌신할 수 있는지, 그 사명을 완수할 수 있는 에너지가 우리에게 유입되는지의 여부가 중요하다는 사실은 인간 존재의 모순에 속한다. 우선적으로 상황에 초점을 맞춘 삶의 형태는 우리가 생각하는 것처럼 사려 깊거나 자기 자신을 아끼는 삶이 아니다. 오히려 그러한 삶의 자세는 삶에 참여하고 자아의 한계를 극복하는 데 사용할 에너지를 우리에게서 제거할 뿐이다.

우리에게 맡겨진 일

인간은 아직 미완성이다. … 아직도 인간은 자기 자신으로부터 가능한 것, 가장 놀라운 것을 끄집어내지 못했다. … 하느님이 인간을 제6일에 창조하고, 제7일에 휴식을 취했다는 창세기의 내용에 따른다면 우리는 이렇게 말할 수 있을 것이다. 즉, 하느님은 제7일에 손을 내려놓고 아무 일도 하지 않았으며, 그 이후로 인간이 어떤 존재가 되는지는 인간 스스로에게 달려 있다고 말이다. … 하느님은 아직도 기다리면서 휴식하고 계시며, 아직도 안식일이다. 말하자면 영구적인 안식일이다.[77]

우리가 이상과 의미 지향적인 삶의 기쁨(필요하다면 슬픔을 견디는 능력과 연민의 능력까지)을 위해 잃어버린 열쇠를 찾는 여정에서 마주치는 서로 다른 맥락의 내용들이 가진 기본 주제는 항상 동일하다. 중요한 것은 자기 자신만이 아니라는 것이다. 어떠한 사람도 외따로 떨어진 섬이 될 수 없다. 어떠한 삶도 만남 없이는 불가능하며, 어떠한 만남도 자유 없이는 불가능하며, 어떠한 자유도 책임 없이는 불가능하다. 또한 개인에게 일어나는 사건들만이 주체를 규정하고 정체성을 결정하는 것이 아니다. 주체는 자신의 삶에 개인적으로 기여하고, 함께 결정하고, 함께 삶을 써나간다. 이러한 개인적인 기여가 가장 먼저 나타나는 공간은 더 이상 섬이 아니라 전체(도움이 필요한 미완성의 세계)의 필연적이고 필수적인 한 부분으로 인식될 때 생겨난다.

다시 말해 우리 자신을 존재의 중심에 세우기보다 각각의 상황에서 무수한 의미 가능성에 대한 책임감을 느낄 때 진정한 치유와 각성이 나타난다. 하지만 그 또한 우리의 적극적인 도움 없이는 그저 가능성으로만 남을 뿐 실현될 수 없다. 우리의 자아가 함께 작용하지 않는 세계에서는 자아도, 자아가 행할 수 있는 것도 더욱 궁핍해진다. 우리가 바라는 선善은 우리 자신에게 의존하고 있기 때문이다. 우리 없이는, 우리의 동의와 노력 없이는 선은 결핍 상태로 남게 될 것이다. 왜냐하면 우리가 선을 실현시킬 수 있는 곳이 빈자리로 남아 있기 때문이다. 선 자체(아름다운 경험, 성공적인 예술 작품, 타인의 친절함 등)도 아직 미완성이며 우리의 기여를 기다린다. 말하자면 그것이 존재한다는 사실을 우리가 인정해주기를 기다린다. 결국 행복은 우리에게 인색하게 주어져 있는 것이 아니라 우리가 기쁨의 근거로 인정하는 것이다.

이 세상이 좋은 것을 제공하지 않는다고 믿기 때문에 체념하는 것, 이것은 오늘날 우리가 가진 중요한 착각이다. 우리가 이미 갖고 있는 선을 간과하고, 세상의 운명이 우리의 손에 인도되며, 모든 선을 실현시킬 무한한 자원이 우리의 본질에 존재한다는 사실을 외면하고 있기 때문이다. 이 무대에서는 우리의 약점조차 상쇄된다. 왜냐하면 우리의 약점이 다른 사람들에게 그들의 강점을 실현시킬 수 있는 기회, 다시 말해 누군가(대상)를 위해 선을 행할 수 있는 기회를 제공하기 때문이다.

이런 인식은 아주 단순하지만, 체념적이고 허무주의적이며 냉소적인 시대정신에 단호한 대안을 제시하고 있다. 말하자면 모든 무관심을 확실하게 거부하는 것이다. 또한 인간에게는 의미 없는 조역이 결코 주어지지 않는다는 사실도 확인할 수 있다. 미완의 사실들은 다른 사람들이 대신 해줄 수 없는 각자의 기여를 기다린다. 실존적인 질문, 즉 삶에는 어떠한 대리인도 존재하지 않는다. 모든 개인은 필요한 존재다. 그렇지 않으면 개인의 당위성이 결코 실현될 수 없기 때문이다.

결론은, 삶에 있어서 정당한 무관심이란 것은 존재하지 않으며, 그것은 기껏해야 무관심의 환상이라는 사실이다. 실제로 우리는 모든 상황을 경험하며, 감각적·미적·도덕적인 속성을 비롯한 모든 다양한 속성 속에서 그러한 상황을 변화시키고 상상할 수 있다. 항상, 그리고 예외 없이 각각의 개인이 (의식적으로 깨어 있다면) 여전히 기여할 수 있는 어떤 것이 존재한다. 이 가능성은 우리의 자유다. 그리고 항상 최소치의 자유만이 주어져 있는 곳, 단순한 가능성의 저편에도 우리가 직관적으로 인식한 당위가 존재한다. 다시 말해서 우리가 특정한 상황 속에 우리의 개인적 기여로 부여하는 것에 대한 책임이 존재한다. 이 세상에 유익한 것, 그것을 실현하기 위해 우리에게 맡겨진 것은 이 세상뿐만 아니라 우리에게도 유익하다. 이 사실은 삶이 우리에게 주는 가장 아름다운 메시지일 것이다. 가치와 의미, 선과의 연결과 우리의 행복 사이에는 긴밀한 연관이 있다. 즉, 삶을 위한 동맹과 우정이 존재한다.

사람들이 지금까지 만들어놓은 것, 사람들에게 주어진 자원, 다른 사람의 약점 속에 존재하는 자신의 강점 등의 관점에서 우리가 미완의 사실들을 인지하고 호의적인 기여를 통해 내적으로 풍성해진다는 점을 인정할 때 비로소 우리는 온전한 인간이 되고 자신의 삶과 조화를 이룰 수 있다.

이는 무관심과 냉담함을 극복하는 것(이것은 생명체의 최소한의 전제 조건이다.)만을 의미하지 않고, 자신과 세계의 최선을 관철하고 자신의 삶과 다른 사람의 고통 앞에서 자신을 숨기지 않는다는 것을 의미한다. 다시 말해 현실주의자로서 삶에 관여하고 이상주의자로서 삶을 실현하는 것이다. 왜냐하면 여기서 논의되는 것은 인간의 치유뿐만 아니라 세상의 치유도 포함하기 때문이다.

세상은 예전처럼 지금도 치유되지 않았으며 여전히 도움이 필요한 상태다. 매일 고통스러운 일들이 빌어지며, 많은 곳에서 부당하고 무자비한 일들이 나타나고 있다. 그럼에도 사람들은 모든 것이 무의미하고 헛되다는 생각에 수수방관하고 있다. 우리 시대의 무관심에 대한 모든 한탄 속에서도 위로가 되는 것은 인간이 처음부터 이 세상에 발을 들인 존재이자, 세상이 달라질 수 있고 달라져야 한다는 것을 알고 있는 유일한 생명체라는 사실이다. 인간은 이상과 유토피아를 가지고 있으며, 희망을 포기한 적이 결코 없다. 이보다 더 중요한 사실은 세상을 치유할 수 있다는 희망과 믿음 속에서 자신에게 주어진 사명을 인식한다는 것이다.

이를 개인 차원으로 축소해 생각해볼 때 한 명의 개인은 이 세상을 바꿀 수 없다. 하지만 자신의 세계를 바꿀 수는 있다. 그것도 매일, 매 시간을! 모든 사람에게는 각자의 소명이 주어져 있으며, 누구나 세상에 작은 기여를 할 수 있다.

한 노인이 해 질 녘에 해변을 따라 걷다가 조금 떨어진 해변에서 불가사리를 주워 모으고 있는 한 소년을 보았다. 소년은 불가사리를 다시 바다에 던져주기 전에 잠깐 동안 불가사리를 바라보았다. 노인은 한동안 소년을 바라보다가 불가사리를 왜 바다에 다시 던져주는지 물었다. 소년은 이렇게 대답했다.

"불가사리들이 여기 해변에 너무 오랫동안 있어서 다 죽어가고 있어요."

노인은 이마를 찌푸리며 말했다.

"얘야, 네 앞에 펼쳐져 있는 몇 킬로미터의 모래해변을 보렴. 여기에는 수천 개의 불가사리가 있단다. 네가 여기서 이렇게 애를 쓴다고 해서 뭐가 달라지겠니?"

소년은 손에 들고 있는 불가사리를 보았다. 소년은 망설임 없이 불가사리를 다시 바다에 던지면서 불가사리가 파도에 쓸려 바닷속으로 들어가는 모습을 바라보았다. 소년은 노인을 쳐다보지 않은 채 이렇게 대답했다.

"하지만 여기 이 불가사리에게는 삶과 죽음의 변화가 생겼잖아요."[78]

맺는 말

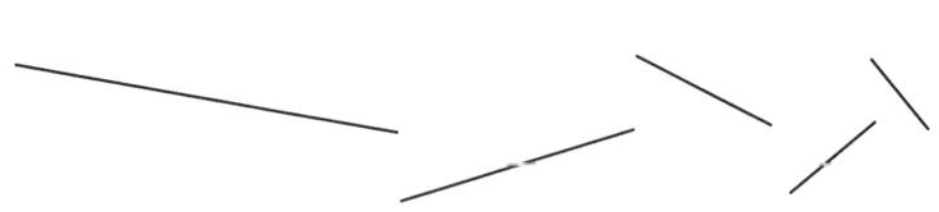

알렉산더 버트야니의 이 글은 매우 까다로운 작품이다. 이 책은 '띄엄띄엄' 읽으면 안 된다. 왜냐하면 다량의 사고가 요구되고 내용을 곱씹어야 하기 때문이다. 그렇다고 해서 매우 까다로운 이 글이 학문적, 철학적으로 아주 새롭거나 큰 충격을 주는 것은 결코 아니다. 이 책은 전적으로 자기 자신의 실존과 삶에 관한 인상 깊고도 놀라운 상관관계를 다루고 있기 때문에 독자들은 책을 읽다가 '깜빡 조는' 경우가 거의 없을 것이다. 갑자기 자신의 자아상, 인간상, 세계상이 시험대에 오르고, 얼마나 많은 오류와 진실이 자신을 지금까지 이끌어왔으며, 앞으로도 이끌어갈지를 자문해야 한다. 이와 함께 지금까지 한 번도 제기하지 않은 혹은 결코 대답할 수 없었던, 그리고 이제는 놀랍게도 명백하게 규명되는 실존적 질문이 떠오른다.

이 책은 '소화가 잘 되는' 그런 책이 결코 아니다. 하지만 나는 이 책을 주의 깊게, 그리고 깨어 있는 정신으로 끝까지 읽은 사람이 자신의 삶을 무관심으로 허비할 것이라고는 생각하지 않는다. 이 책에 담겨 있는 설득력 있는 논거들이 가끔씩 문득 떠올라서 이 세상이 우리의 미약하지만 매우 중요한 기여를 기다리고, 모두를 위해 더 나은 세상이 되기를 기다린다는 사실을 우리에게 상기시켜줄 것이다. 나는 저자의 글에 영향을 받은 누군가가 이러한 자신의 기여를 거부할 것이라고 생각하지 않는다.

2017년 4월

엘리자베스 루카스

감사의 말

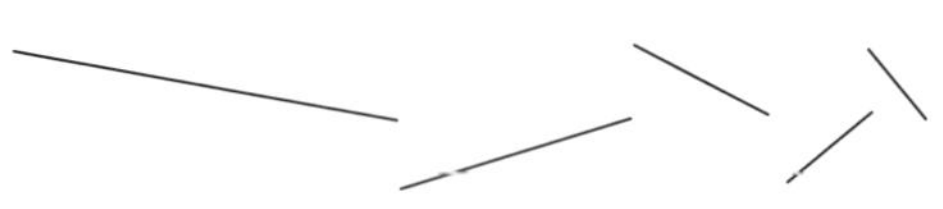

젊은 대학생이었던 내가 빈대학교에서 빅터 프랭클 교수의 첫 강의를 들은 지 약 25년이 흘렀다. 당시 그의 훌륭한 업적(의미치료와 실존분석)에 나의 초창기 학업 과정의 대부분을 바치겠다는 바람은 현실로 이루어졌다. 나는 빅터 프랭클의 가족에게 감사를 드린다. 무엇보다도 이러한 바람을 내가 꿈꾸기만 하지 않고 실현할 수 있게 해준 엘리노어 프랭클 박사에게 감사를 드린다. 특히 그 이후로 내 저서에서 프랭클의 업적을 보존하고 전파할 수 있도록 함께해준 우정과 신뢰, 호의에 감사를 전한다.

특히 나의 스승이신 엘리자베스 루카스 교수에게 진심으로 감사를 전하고 싶다. 의미치료사 세대들이 의미치료의 본질을 제대로 이해할 수 있었던 것은 그녀의 업적과 가르침, 무엇보다 그녀의 개인적인 본보기 덕분이다. 또한 그녀에게(고인이 된 그녀의 남편 게르하르트 루카스에게도) 내가 의미치료 교육과 지도를 받는 기간 동안 나를 친절하고 배려 있게 돌봐준 것에 대해 감사드린다. 그 이후로도 진심 어린 우정으로 지속적으로 나와 연락하고, 이 책의 초고를 꼼꼼히 살펴주고 조언을 해준 점, 특히 맺는 말을 써준 것에 대해 깊이 감사드린다.

내가 전문적인 학술 도서에서 대중 도서로의 큰 걸음을 감행할 수 있도록, 그리고 이 책을 쓸 수 있도록 나를 끊임없이 격려해준 쾨젤출판사의 미하엘라 브라이트에게 감사드린다. 이 책을 쓰는 동안 끊임없이 친절하고 너그럽게 도와준, 너무나 길게 쓰인 나의 문장들을 독자들이 쉽게 읽도록 짧게 줄여주느라 고생한 편집부의 율리아 슈테르트호프에게도 감사드린다.

그리고 마지막으로 이 책을 나의 아내 율리아네와 우리의 딸들 레오니와 라리사에게 바친다. 나의 가장 간절한 바람은 이 책에 담긴 생각들 중 몇 가지가 희망과 선에 대한 흔들림 없는 믿음을 간직한 세상의 작은 초석이 되는 것이다. 이러한 세상에서는 선한 의지를 가진 모두가 자발적으로 협력할 수 있다. 지금과 후대의 세대들에게 더 안전하고 호의적인 미래를 선물할 수 있는 세상, 무관심이 극복된 세상이 되기를 바란다.

미주

1 Sheeran, P., et al. (2016). The Impact of Changing Attitudes, Norms, and Self-Efficacy on Intentions and Behavior: A Meta-Analysis. *Health Psychology*, 35, 1178-1188.

2 Allers, R. (1963/2008). *Abnorme Welten. Ein phänamenologischer Versuch zur Psychiatrie*. Hrsg., kommentiert und eingeleitet von A. Batthyány. Weinheim/Basel: Beltz, S. 155.

3 Keysar, B., Lin, S., & Barr, D. J. (2003). Limits on Theory of Mind Use in Adults. *Cognition*, 89(1), 25-41.

4 Wilson, T. (2002). *Strangers to Ourselves: Discovering the Adaptive Unconscious*. Harvard: Harvard University Press.

5 Für eine Studienübersicht, siehe Kap. 1 in: Batthyány, A., Guttmann, D. (2005). *Empirical Research in Logotherapy and Meaning-Oriented Psychotherapy*. Phoenix, AZ: Zeig, Tucker & Theisen.

6 Frankl, V. E. (1949). Aus der Krankengeschichte des Zeitgeistes. *Wiener Universitäts-Zeitung*. I/7.

7 Kap. 1 und 2 in Batthyány, A., Guttmann, D. (2006). *Empirical Research in Logotherapy and Meaning-Oriented Psychotherapy*. Phoenix, AZ: Zeig, Tucker & Theisen.

8 Frankl, V. E. (1975). *Das Buch als Therapeutikum*. Vortrag. Wiener Buchwoche. Wien, Hofburg 1975.

9 Kruglanski, A. W., et al. (2014). The Psychology of Radicalization and Deradicalization: How Significance Quest impacts Violent Extremism. *Political Psychology*, 35 (S1), 69-93.

10 Dugas, M., & Kruglanski, A. W. (2014). The Quest for Significance Model of Radicalization. *Behavioral Sciences & the Law*, 32(3), 423-439.

11 Kap. 1 und 2 in Batthyány, A., Guttmann, D. (2006). *Empirical Research in Logotherapy and Meaning-Oriented Psychotherapy*. Phoenix, AZ: Zeig, Tucker & Theisen.

12 Frankl, V. E. (1993). *Theorie und Therapie der Neurosen. Einführung in die Logotherapie und Existenzanalyse*. München: Reinhard bei UTB, S. 146.

13 Freud, S. (1937). Brief an Prinzessin Marie Bonaparte, 13.8.1937. In: Freud, S. (1960). *Briefe 1873-1939*. Hrsg. von E. u. L. Freud. Frankfurt: S. Fischer, S. 429.

14 Eissler. K. (1955). *The Psychiatrist and the Dying Patient*. New York: International Universities Press, S. 190f. (in der Übersetzung von Edith Weißkopf-Joelson)

15 Frankl, V. E. (1981). *Die Sinnfrage in der Psychotherapie. Vorwort von Franz Kreuzer*. München: Serie Piper 214, S. 34f.

16 Frankl, V. E. (1997). *Der Mensch vor der Frage nach dem Sinn*. München: Piper, S. 234.

17 Frankl, V. E. (1996). *Logotherapie und Existenzanalyse*. Universitätsvorlesung am 16. Oktober 1996, Kliniken am Südgarten, Universitätsklinik für Psychiatrie, Wien. Mitschrift A. B.

18 Fromm, E. (1968). Der geistige Zustand Amerikas, in: *Erich-Fromm-Gesamtausgabe, Band XI*. Hrsg. von R. Funk. München: DVA, S. 398.

19 Scheler, M. (1957). *Schriften aus dem Nachlaß, Bd. 1: Zur Ethik und Erkenntnislehre*. Hrsg. von M. Scheler. Bern und München: Francke-Verlag, S. 44.

20 Neimeyer, R. A., & Chapman, K. M. (1981). Self/ideal Discrepancy and Fear of Death: The Test of an Existential Hypothesis. *OMEGA-Journal of Death and Dying*, 11(3), 233-240.

21 Kleiner, M. S. (2000). *Im Bann von Endlichkeit und Einsamkeit? Der Tod in der Existenzphilosophie und der Moderne*. Essen: Die blaue Eule.

22 Tomer. A. Eliason, G. T., & Wong, P. T. P. (Eds.). (2008). *Existential and Spiritual Issues in Death Attitudes*. New York: Lawrence Erlbaum Associates.

23 Lukas, E. (1994). *Alles fügt sich und erfüllt sich, Sinnfindung im Alter*, Stuttgart: Quell, S. 84f.

24 Seneca, L. A. *Briefe an Lucilius*. Dietzingen: Reclam, S. 5f

25 Frankl, V. E. (2010). *Logotherapie und Existenzanalyse. Texte aus sechs Jahrzehnten*. Weinheim: Beltz, S. 22f.

26 Frankl, V. E. (1949). Aus der Krankengeschichte des Zeitgeistes. *Wiener Universitäts-Zeitung*. I/7.

27 Frankl, V. E. (1946). Leben wir provisorisch? Nein: jeder ist aufgerufen! *Welt am Montag* 11, 29. 4. 1946.

28 Batthyány, A. & Shtukareva, S. (2016). *Pathology of the Zeitgeist across Europe and Russia: The 21st Century*. Research Paper 22. Moscow: Moscow Institute of Psychoanalysis.

29 Allers, R. (1963/2008). *Abnorme Welten. Ein phänomenologischer Versuch zur Psychiatrie*. Hrsg., kommentiert und eingeleitet von A. Batthyány. Weinheim/Basel: Beltz, S. 143.

30 Frick, J. (2001). *Die Droge Verwöhnung. Beispiele, Folgen, Alternativen*. Bern: Huber.

31 Minnis, H., Marwick, H., Arthur, J., & McLaughlin, A. (2006). Reactive attachment disorder – a theoretical model beyond attachment. *European Child & Adolescent Psychiatry*, 15(6), 336-342.

32 Bühler, C. (1933). *Der menschliche Lebenslauf als psychologisches Problem*.

Leipzig: Hirzel.

33 Pronin, E., Lin, D. Y., & Ross, L. (2002). The bias blind spot: Perceptions of bias in self versus others. *Personality and Social Psychology Bulletin*, 28 (3), 369-381.

34 Frankl, V. E. (2006). *Psychologie des Konzentrationslagers. Synchronisation in Birkenwald. Und ausgewählte Texte 1945-1993*. Gesammelte Werke Bd. 2; Hrsg. von A. Batthyány, K. Biller und E. Fizzotti. Wien: Böhlau, S. 56.

35 Bushman, B. J., Baumeister, R. F., & Stack, A. D. (1999). Catharsis, Aggression, and Persuasive Influence: Self-Fulfilling or Self-Defeating Prophecies? *Journal of Personality and Social Psychology, 76*(3), 367-376.

36 Oliver, J. E. (1993). Intergenerational Transmission of Child Abuse: Rates, Research and Clinical Implications. *American Journal of Psychiatry* 150: 1315-24.

37 Muller, R. T., Hunter, J. E., Stollak, G. (1995). The Intergenerational Transmission of Corporal Punishment: A Comparison of Social Learning and Temperament Models. *Child Abuse and Neglect*; 19: 1323-35.

38 Fankl. V. E. (1933). Wirtschaftskrise und Seelenleben vom Standpunkt des Jugendberaters. *Sozialärztliche Rundschau*. 4: 43-46.

39 Lukas, E. (2006). *Auf dass es Dir wohl ergehe, Lebenskunst fürs ganze*

Jahr. München: Kösel, S. 13.

40 Frankl, Viktor E. (2005). ... *trotzdem Ja zum Leben sagen*, München: dtv, S. 97.

41 Lukas, E. (2008). *Den ersten Schritt tun*. München: Kösel, S. 44ff.

42 Frankl, V. E. (2010). *Logotherapie und Existenzanalyse. Texte aus sechs Jahrzehnten*. Weinheim: Beltz, S. 180f.

43 Hambrick, D. Z., & Tucker-Drob, E. M. (2015). The Genetics of Music Accomplishment: Evidence for Gene-Environment Correlation and Interaction. *Psychonomic Bulletin & Review*, 22(1), 112-120.

44 Stillman, T. F., et al. (2010). Personal Philosophy and Achievement: Belief in Free Will predicts Better Job Performance. *Social Psychological and Personality Science*, 1(1), 43-50.

45 Vohs, K. D., & Schooler, J. W. (2008). The Value of Believing in Free Will. Encouraging a Belief in Determinism increases Cheating. *Psychological Science*, 19(1), 49-54.

46 Ebd.

47 Baumeister, R. F., Masicampo, E. J., & DeWall, C. N. (2009). Prosocial Benefits of Feeling Free: Disbelief in Free Will increases Aggression and reduces Helpfulness. *Personality and Social Psychology Bulletin*, 35(2)

260-268.

48 MacKenzie, M. J., Vohs, K. D., & Baumeister, R. F. (2014). You didn't have to do that: Belief in Free Will promotes Gratitude. *Personality and Social Psychology Bulletin*, 40(11), 1423-1434.

49 Cohen, D. (1952). Expectation Effects on Dream Structure and Content in Freudian Psychoanalysis, Adlerian Individual Psychology, and Jungian Analytical Psychology. *Modern Thought*, 1(2), 151-159.

50 Ehrenwald, J. (1957). Doctrinal Compliance in Psychotherapy. *American Journal of Psychotherapy*, 11:2, 359-379.

51 Mesoudi, A. (2011). *Cultural Evolution: How Darwinian Theory can explain Human Culture and synthesize the Social Sciences*. Chicago: University of Chicago Press.

52 Neleon R. R., & Winter, S. G. (2009). *An Evolutionary Theory of Economic Change*. Harvard: Harvard University Press.

53 Batson, C. D. (1987) Prosocial Motivation: Is it ever truly altruistic? *Advances in Experimental Social Psychology*, 20, 65-122.

54 Frankl, Viktor E. (1996). *Logotherapie und Existenzanalyse in Theorie und Praxis*. Universitätsvorlesung am 16. Oktober 1996, Kliniken am Südgarten Universitätsklinik für Psychiatrie, Wien. Mitschrift A. B.

55 Batthyány, A. (2009). Mental Causation and Free Will after Libet: Reclaiming Conscious Agency. In: Batthyány, A., & Elitzur, A. (2009). *Irreducibly Conscious. Selected Papers on Consciousness*. Heidelberg: Universitätsverlag Winter, S. 135ff. Für eine kritische Diskussion des neuen Neurodeterminismus, siehe auch: Hasler, F. (2012). *Neuromythologie: Eine Streitschrift gegen die Deutungsmacht der Hirnforschung*. Bielefeld: Transcript.

56 Frankl. V. E. (2010). *Logotherapie und Existenzanalyse. Texte aus sechs Jahrzehnten*. Weinheim: Beltz, S. 97.

57 Frankl. V. E. (1997). *Der Wille zum Sinn. Ausgewählte Vorträge über Logotherapie*. München: Piper, S. 230f.

58 Frankl. V. E. (2008). *Die Psychotherapie in der Praxis. Und Texte zur Angewandten Psychotherapie*. Gesammelte Werke Bd. 3, Hrsg. von A. Batthyány, K. Biller und E. Fizzotti. Wien: Böhlau, S. 72f.

59 Frankl, V. E. (1953). Angst und Zwang. *Psychotherapy and psychosomatics*, 1(2), 111-120.

60 Kim, R. S., Poling, J., & Ascher, L. M. (1991). An introduction to research on the clinical efficacy of paradoxical intention. *Promoting change through paradoxical therapy*, 216-250.

61 Spaemann, R. (1996). *Personen. Versuche über den Unterschied zwischen 'etwas' und 'jemand'*. Stuttgart: Klett-Cotta, S. 234.

62 Allers, R. (1963/2008). *Abnorme Welten. Ein phänomenologischer Versuch zur Psychiatrie.* Hrsg., kommentiert und eingeleitet von A. Batthyány. Weinheim/Basel: Beltz, S. 143.

63 Frankl, V. E. (2005). *Ärztliche Seelsorge. Grundlagen der Logotherapie und Existenzanalyse.* Wien: Deuticke, S. 187.

64 Schulte, A. (1940). In ruhelosen Zeiten Ruhe finden: Wie ist das möglich? *Lichtbote*, 2, 3-4.

65 Frankl, V. E. (2005). *Ärztliche Seelsorge. Grundlagen der Logotherapie und Existenzanalyse*, Wien: Deuticke, S. 149f.

66 Lukas, E. (1983). *Von der Tiefenpsychologie zur Höhenpsychologie. Logotherapie in der Beratungspraxis.* Freiburg: Herder, S. 298f.

67 Lukas, E. (1999), *In der Trauer lebt die Liebe weiter*. München: Kösel.

68 Ebd.

69 Frankl, V. E. (2005b). *Ärztliche Seelsorge. Grundlagen der Logotherapie und Existenzanalyse*, Wien: Deuticke, S. 121.

70 Frankl, V. E. (1985). *Der Mensch vor der Frage nach dem Sinn*. München: Piper, S. 83f.

71 Batthyány, A.; Lewin, R. (2017; in Vorbereitung). Paradoxical Effects of

Self-Esteem Support Programs. *Logotherapy and Existential Analysis. Proceedings of the Viktor Frankl Institute*. Vol. 2. New York: Springer.

72 Batthyány, A. (2015). *Paradoxe Effekte von positiven Selbstgesprächen und Selbstwert-Affirmationen: Rebound-Phänomen oder kontrollierter Prozess?* Vortrag auf der 2. Tagung für Philosophische Psychologie: Person-Umwelt - Verantwortung. Frankfurt/Main, Mai 2015.

73 Lukas, E. (2000). *Rendezvous mit dem Leben*. München: Kösel, S. 46f.

74 Ebd.

75 Shanafelt, T. D. (2009). Enhancing Meaning in Work: A Prescription for Preventing Physician Burnout and promoting Patient-Centered Care. *Journal of the American Medical Association*, 302(12), 1338-1340.

76 Tei, S., et al. (2015). Sense of Meaning in Work and Risk of Burnout among Medical Professionals. *Psychiatry and Clinical Neurosciences*, 69 (2), 123-124.

77 Frankl, Viktor E. (1998). *Der leidende Mensch. Anthropologische Grundlagen der Psychotherapie*. Bern: Huber, S. 97.

78 Nach Eisely, Loren (1979). *The Star Thrower*. Dallas: Harvest Books.

무관심의 시대

우리는 왜 냉정해지기를 강요받는가

초판 1쇄 인쇄 2019년 11월 22일
초판 1쇄 발행 2019년 11월 28일

지은이 | 알렉산더 버트야니
옮긴이 | 김현정
펴낸이 | 한순 이희섭
펴낸곳 | (주)도서출판 나무생각
편집 | 양미애 백모란
디자인 | 박민선
마케팅 | 이재석 한현정
출판등록 | 1999년 8월 19일 제1999-000112호
주소 | 서울특별시 마포구 월드컵로 70-4(서교동) 1F
전화 | 02)334-3339, 3308, 3361
팩스 | 02)334-3318
이메일 | tree3339@hanmail.net
홈페이지 | www.namubook.co.kr
트위터 ID | @namubook

ISBN 979-11-6218-083-9 03180

값은 뒤표지에 있습니다.
잘못된 책은 바꿔 드립니다.

이 도서의 국립중앙도서관 출판예정도서목록(CIP)은 서지정보유통지원시스템 홈페이지(http://seoji.nl.go.kr)와 국가자료공동목록시스템(http://www.nl.go.kr/kolisnet)에서 이용하실 수 있습니다.(CIP제어번호: CIP2019044996)